FINDE DEINEN
SINN DES LEBENS

Markus Hofelich

FINDE DEINEN SINN DES LEBENS

Erkenne dich selbst und
entfalte dein Potenzial!

Impressum

Dorfstraße 1b, 82544 Egling/München

Für Fragen und Anregungen: info@sinndeslebens24.de

ISBN: 978-3-00-070545-8

1. Auflage 2021

Lektorat: Dr. Claudia Sabic, Redaktionsbüro Die Textstifter

Covergestaltung: Denis Sabic, Kreativwerkstatt Kommunikationsdesign

Bildnachweis

Coverfoto: Zack Minor, Unsplash

Autorenfoto: Anja Menzel, Hamburg

Das Online-Magazin SinndesLebens24 findest du im Internet unter:

www.sinndeslebens24.de
www.instagram.com/sinndeslebens24
www.facebook.com/SinndesLebens24

Für meine Familie, Freunde und
alle Sinnsucher

Inhaltsverzeichnis

Vorwort 11

Einleitung
Wann und warum die Frage nach dem Sinn so wichtig ist 15

Funkelnde Sterne in der Nacht: Gibt es einen Sinn – oder ist alles nur Zufall? 15

Umfragen: Die meisten denken regelmäßig über die Sinnfrage nach 17

Die Bedeutung eines wahren Sinns im Leben 18

Das Gefühl von innerer Leere in der Überflussgesellschaft 19

Die Midlife-Crisis: Was erwarte ich noch vom Leben? 22

Quarterlife-Crisis: Die Sinnkrise von jungen Erwachsenen 24

Krisen, Unglück und negative Erlebnisse 27

Der Sinn als innerer Kompass und Schutzschild 29

Kapitel 1
Glauben – welchen Sinn hat das Leben an sich? 31

Eine Frage von existenzieller Bedeutung 31

Sinnstifter Religion: Gott verleiht dem Leben Sinn 32

Zentrale Aussagen von Christentum, Buddhismus und Hinduismus 33

Spiritualität: Der persönliche Zugang zum Göttlichen 34

Zweifel an Kirche und Religion 39

Warum glaubt der Mensch? 40

Entstehung von Religiosität und Geschichte der Religionen 43

Evolutionspsychologische Vorteile des Glaubens 45

Neurotheologie: Religiosität auf dem Prüfstand 46

Die Entstehung des Universums: Göttliche Schöpfung oder Zufall? 50

Aufklärung, Wissenschaft und kirchliche Weltanschauung 53

Die Naturwissenschaft verdrängt Gott 56

Gibt es ein Leben nach dem Tod? Ergebnisse der Nahtodforschung 58

Existentialismus: Das Leben an sich hat keinen Sinn 66

Gott lässt sich nicht beweisen 70

Die Pascalsche Wette: Im Zweifel doch lieber an Gott glauben 72

Die positive Kraft des Glaubens für die Gesundheit 73

Das Workbook: In neun Schritten zum eigenen Sinn des Lebens 77

Übung 1: Was ist für dich der Sinn des Lebens an sich? 80

Kapitel 2
Erkennen – welchen Sinn gebe ich meinem Leben? 85

Sein, was wir sind, und werden, was wir werden können 85

Wider den Selbstoptimierungs-Wahn: Alles mit Maß und Ziel 86

Die Bucket List: Dinge, die du unbedingt noch erleben möchtest 87

Übung 2: In fünf Schritten zur perfekten Bucket List 90

Was den Menschen antreibt: Die Maslowsche Bedürfnishierarchie 97

Umfrage: Worin die Menschen in Deutschland
den Sinn des Lebens sehen 101

Authentizität: Sei die beste Version deiner selbst,
nicht von jemand anderem 104

Übung 3: Selbsterkenntnis – zwischen Wunsch und Wirklichkeit 106

Status quo und Idealvorstellung in vier zentralen Lebensbereichen 109

Selbstverwirklichung: Werde der, der du bist! 115

Merkmale von Menschen, die sich selbst verwirklichen 118

Aristoteles: Glück durch Selbstentfaltung 119

Arthur Schopenhauer: Was einer in sich ist und an sich selber hat 120

Praktische Anwendung in der Humanistischen
und der Positiven Psychologie 123

Was Selbstverwirklichung nicht ist: ungezügelter Egoismus 125

Faktor Liebe: Liebe das Leben, dich selbst und deine Mitmenschen! 126

Werte als zentrale Richtschnur unserer Entscheidungen 128

Übung 4: Werte finden, die dir wichtig sind im Leben 131

Das Glück und die hedonistische Tretmühle 136

Wege aus dem Hamsterrad: Achtsamkeit, carpe diem
und Bedürfniskontrolle 141

Das intensive Glücks-Erlebnis im Flow 143

Übung 5: Deine persönlichen Flow-Erlebnisse 145

Ikigai: Die japanische Methode, seine Berufung zu finden 148

Übung 6: Komme deinem Ikigai auf die Spur 150

Der ganz persönliche Sinn des Lebens – 31 Menschen, 31 Antworten 155

Übung 7: Auf einen Blick – die Balanced Scorecard deines Lebens 172

Übung 8: Dein Mission Statement, dein Warum und
dein Lebensmotto 177

Übung 9: Dein persönlicher Sinn des Lebens 180

Kapitel 3

Handeln – ins Tun kommen und Umsetzung ... 182

Allem Anfang wohnt ein Zauber inne ... 182

Mythos Heldenreise: Joseph Campbells „Der Heros in tausend Gestalten" ... 183

Ziele erreichen mit der SMART-Formel ... 189

Recherchieren, informieren und Networking ... 192

Der Kampf gegen Selbstzweifel ... 194

Der Vergleich mit anderen: Vorbilder suchen, aber Neid vermeiden ... 196

Raus aus der Perfektionismus-Falle ... 198

Die Angst vor dem Scheitern ablegen ... 200

Dem Glück auf die Sprünge helfen ... 203

Dranbleiben: Fokus, Wille und Beharrlichkeit ... 205

Steve Jobs Stanford Rede: „Haben Sie den Mut, Ihrem Herzen zu folgen" ... 208

Memento mori: Die begrenzte Zeit sinnvoll nutzen ... 212

Über den Autor: Markus Hofelich ... 216

Stimmen zum Autor ... 217

Literaturverzeichnis ... 218

Vorwort

Motivation eines Sinnsuchers – Sinn suchen, Glück finden und andere inspirieren

Ein sinnerfülltes Leben ist die Basis des Glücks. Doch was ist eigentlich der Sinn des Lebens? Diese Frage beschäftigt die Menschheit seit Jahrtausenden. Warum sind wir hier? Welche Rolle spielen Gott, Zufall, Schicksal oder Bestimmung? Welchen Sinn hat die Existenz an sich? Wie gebe ich meinem eigenen Leben Sinn?

Auch mich haben diese brennenden Fragen schon mein ganzes Leben lang fasziniert. Kontroverse Diskussionen im Religionsunterricht, erste Berührungspunkte mit griechischen Philosophen im Lateinunterricht, eine Vorlesung über Existentialismus an der Universität Sorbonne, tiefe Gespräche mit Freunden und zahlreiche Bücher haben das Feuer in mir immer wieder angefacht. Daraus entstand die starke Sehnsucht, die unzähligen Impulse zu sortieren und mehr Klarheit zu schaffen. Den Kern der Lebensweisheiten herauszudestillieren und daraus inspirierende Impulse zu schaffen, die für mich und für jeden anderen Menschen den persönlichen Weg zum Sinn des Lebens leichter machen.

Nach Jahren als Wirtschaftsjournalist in verschiedenen Führungspositionen bei Fachzeitschriften gab es 2016 einen harten beruflichen Umbruch. Aus der neu gewonnenen Freiheit als Freelancer und einem Kurs zum Online-Marketing-Social-Media-Manager heraus entstand die Idee, ein Online-Magazin für Sinn, Philosophie, Glück und Motivation zu starten: SinndesLebens24 war geboren. Das Ziel: Sinn suchen und Glück finden!

Der Fokus liegt neben fundiert recherchierten Artikeln und ausführlichen Buchtipps vor allem auf mittlerweile über 80 Interviews – seit Neuestem auch als Podcast. Mit Bestseller-Autoren, Philosophen, Psychologen und Persönlichkeiten mit spannender Lebensgeschichte. Geschrieben mit journalistischer Sorgfalt und kritischem Blick, getrieben von der Sehnsucht nach Wahrheit und Tiefe, geführt von Verstand, Herz und Intuition.

Das Wichtigste vorweg: Allgemeingültige Antworten auf die Frage nach dem Sinn des Lebens gibt es nicht. Letztendlich muss jeder Mensch die Antwort selbst für sich herausfinden. Aber ein geordneter und inspirierender Blick auf zentrale Lebensweisheiten aus Philosophie, Religion und Psychologie geben uns Klarheit und Orientierung dabei, wie wir selbst das Beste aus unserem Leben machen können.

Mit diesem Buch hältst du heute die Quintessenz aus fünf Jahren SinndesLebens24 in Händen. Und einen konkreten Wegweiser, wie du selbst deinen ureigenen Sinn des Lebens finden und realisieren kannst.

Es ist in zwei große Abschnitte aufgeteilt, die zwei grundlegende Aspekte der Existenzfrage beleuchten: den Sinn des Lebens an sich und den konkreten Sinn des eigenen Lebens. Beide Bereiche sind untrennbare Seiten einer Medaille und bauen aufeinander auf.

Erstens: „Glauben: Welchen Sinn hat das Leben an sich?“ Hier geht es um die äußeren Rahmenbedingungen, die generelle Bedeutung der Welt und der Existenz von Leben überhaupt. Unsere Einstellung dazu legt fest, wie wir die Welt, uns selbst und die Menschen um uns herum wahrnehmen und einschätzen. Sie ist eine wichtige Grundlage für unsere Sicht aufs Leben, für unsere Werte und das Urvertrauen, sich mit optimistischer Zuversicht aufs Leben einzulassen.

Und zweitens: „Erkennen: Welchen Sinn gebe ich meinem Leben?“ In diesem Teil geht es um die persönliche Existenz jedes einzelnen Menschen und was er daraus macht. Dazu gehört, sich seiner selbst bewusst zu werden sowie Vertrauen in die eigenen Kräfte und Fähigkeiten zu entwickeln. Hier findest du konkrete Schritte, wie du dich selbst erkennen und den persönlichen Zweck deiner Existenz herausfinden kannst. Das abschließende Kapitel „Handeln: Ins Tun kommen und Umsetzung“ gibt wertvolle Tipps und Impulse, wie du deinen individuellen Sinn des Lebens verwirklichen und deine Ziele auch wirklich erreichen kannst.

Inspiration für die eigene Sinnfindung liefert auch das Extra-Kapitel „Der ganz persönliche Sinn des Lebens – 31 Menschen, 31 Antworten“. Darin geben Experten und Bestseller-Autoren ihre individuelle Sicht des Lebenssinns wider, darunter Richard David Precht, Eva-Maria Zurhorst, Sergio Bambaren, Stefanie Stahl, Axel Hacke, Hermann Scherer, Margot Käßmann, Rudolf Schenker und viele mehr.

Wer seinen ureigenen Sinn des Lebens findet, der wird nicht nur die Chancen steigern, sein inneres Potenzial zu entfalten, seine Lebensträume zu verwirklichen und damit auch die Welt und seine Mitmenschen zu bereichern. Sondern er wird auch dazu in der Lage sein, besser mit Misserfolgen oder Schicksalsschlägen umzugehen. Denn, wie sagte schon der große Philosoph Friedrich Nietzsche: „Wer ein WARUM zum Leben hat, erträgt fast jedes WIE.“[1]

Also: Begib dich auf deine persönliche Heldenreise auf dem Weg zu deinem individuellen Zweck der Existenz und deiner erfüllenden Lebensaufgabe. Finde heraus, auf welche Grundwerte sich dein Leben stützt, was dich im Innersten antreibt und wie du dein ureigenes Potenzial für ein sinnerfülltes Leben entfaltest und zum Wohl der Mitmenschen einsetzen kannst. Die Kraft und

Energie, die von einem persönlichen Sinn im Leben ausgehen, sind immens. Um es mit einem motivierenden Zitat zu sagen, das Mark Twain zugeschrieben wurde: „Die beiden wichtigsten Tage deines Lebens sind der Tag, an dem du geboren wurdest, und der Tag, an dem du herausfindest, WARUM!“[2]

In diesem Sinne wünsche ich dir eine inspirierende Lektüre und eine erfolgreiche Heldenreise zu deinem Sinn des Lebens!

Markus Hofelich

Egling bei München im Oktober 2021

Hier noch ein Hinweis:

Um eine flüssige Lesbarkeit zu gewährleisten, wurde hier auf den Einsatz einer gendergerechten Sprache verzichtet. Selbstverständlich ist für mich die Gleichberechtigung und Gleichstellung aller Geschlechter von höchstem Wert und entsprechende Begriffe schließen natürlich immer alle Menschen mit ein.

Einleitung
Wann und warum die Frage nach dem Sinn so wichtig ist

Funkelnde Sterne in der Nacht: Gibt es einen Sinn – oder ist alles nur Zufall?

Wir alle haben das Gefühl schon einmal erlebt, wenn wir in einer heißen Sommernacht in den klaren Sternenhimmel blicken und unzählige hell leuchtende Sterne am schwarzen Firmament sehen. Beim Blick in die Tiefen des Universums fühlen wir uns plötzlich sehr demütig angesichts der unendlichen Weiten. Und gleichzeitig auch überwältigt, wenn wir uns als kleiner Teil eines großen Ganzen empfinden.

Dieses ergreifende Gefühl haben auch die beiden Sänger Sido und Andreas Bourani in ihrem Text zum Song „Astronaut" aufgegriffen: „Und beim Anblick dieser Schönheit fällt mir alles wieder ein. Sind wir nicht eigentlich am Leben, um zu lieben und zu sein? Hier würd' ich gern für immer bleiben. Doch ich bin ein Wimpernschlag. Der nach fünf Milliarden Jahren nicht viel mehr zu sein vermag."[3]

Zweifelsohne lässt dieses tiefgreifende Naturschauspiel berührende Fragen in unserer Seele aufsteigen, die die Menschen seit Jahrtausenden bewegen: Welche Bedeutung haben wir als winzige Sandkörner in einem riesigen kosmischen Ozean? Welchen Sinn[4] hat unser kurzes Leben in diesem unendlichen Universum? Wie ist es entstanden? Ist es lediglich das Ergebnis eines Zusammenspiels von Naturgesetzen und kosmischen Ereignissen? Oder ist Gott der Schöpfer des Weltalls?

„Der Zweck des Lebens ist das Leben selbst"[5], schrieb einst Johann Wolfgang von Goethe. Doch so klar und eindeutig scheint es vielen nicht zu sein. Hat unsere Existenz denn überhaupt einen Sinn? Diese provokante Frage stellte unter anderem der österreichische Philosoph Günther Anders: „Warum setzen Sie eigentlich voraus, dass ein Leben, außer da zu sein, auch noch etwas haben müsste oder auch nur könnte – eben das, was Sie Sinn nennen?"[6] Ja, warum eigentlich?

Rein naturwissenschaftlich betrachtet, könnte der Sinn des Lebens in einer zufällig entstandenen Welt auch nur in der biologischen und sozio-kulturellen Evolution liegen, gesteuert von Selbsterhaltungs- und Fortpflanzungstrieb. In einem Online-Forum schreibt ein Diskussionsteilnehmer über den Sinn des Lebens: „Schaut euch die Tierwelt an. Die Tiere sind glücklich, da sie sich keine Gedanken wie wir Menschen machen und keine Religion brauchen. Sie leben und wissen gar nicht, warum. Nur der Mensch fragt nach dem Sinn."

Ist das Leben des Menschen wirklich nichts weiter als eine rein zufällige Existenz? Auf dem winzigen Sandkorn Erde in den Weiten des Weltalls? Nichts anderes als ein bedeutungsloser Wimpernschlag in der Unendlichkeit von Zeit und Raum? Diese Vorstellung vom Leben wäre düster.

Doch für die Wissenschaft ist es nicht möglich, dieses Rätsel zu lösen. Weder eine göttliche Schöpfung noch eine rein zufällige Entstehung des Universums können bewiesen werden. Sie sind reine Glaubenssache, inspiriert von unserer Intuition und unserem Gefühl. Ganz sicher weiß der Mensch nur eines wirklich über seine Existenz: Dass er ohne seinen Willen geboren wurde, irgendwann sterben wird und dass er nur eine kurze Lebensspanne vor sich hat, wie es der Psychoanalytiker Erich Fromm auf den Punkt brachte. Er schrieb: „Mit der Geburt wird der Mensch ... in eine Situation hinein geschleudert, die nicht festgelegt, sondern ungewiss und offen ist. Nur in Bezug auf die Vergangenheit herrscht Gewissheit, und für die Zukunft ist nur der Tod gewiss. Er besitzt ein Bewusstsein seiner selbst, seiner Mitmenschen, seiner Vergangenheit und der Möglichkeiten seiner Zukunft.“[7]

Dank seines Verstandes ist der Mensch als einziges Lebewesen dazu in der Lage, über sich selbst nachzudenken. Und deswegen taucht die Frage nach dem Grund der Existenz seit Urzeiten in seinem Bewusstsein auf.

Umfragen: Die meisten denken regelmäßig über die Sinnfrage nach

Die Frage nach dem Sinn des Lebens ist für jeden Menschen bedeutungsvoll und berührt tief in der Seele. Für jeden Einzelnen von uns ist es wichtig, eine persönliche Antwort auf diese Mutter aller Fragen zu finden.

Der Löwenanteil der Menschen in Deutschland setzt sich regelmäßig mit dem Sinn des Lebens auseinander, geht aus einer 2013 von Statista veröffentlichten Umfrage[8] hervor. Etwa 70 Prozent der Befragten denken „sehr oft“, „oft“ oder „manchmal“ darüber nach. Nur rund 30 Prozent „selten“ oder „nie“. Im Jahr 2020 gab es in der Bevölkerung ab 14 Jahren rund 18 Millionen Menschen, die es im Leben für ganz besonders wichtig hielten, sich mit den Sinnfragen des Lebens auseinanderzusetzen.

Viele stellen sich die Frage nach dem Sinn des Lebens erst dann, wenn das Leben durch Enttäuschungen, Krisen oder ein Unglück aus den Fugen geraten ist. Auch bevorstehende einschneidende Veränderungen oder wichtige Weichenstellungen können ein Auslöser dafür sein, über den Lebenssinn nachzudenken.

Andere Menschen dagegen verdrängen es einfach, sich mit der Sinnfrage auseinanderzusetzen. Diese Gruppe nennt die österreichische Sinnforscherin Tatjana Schnell die „existenziell Indifferenten", die ein Leben ohne echte Tiefen und Höhen führen. „Das sinnerfüllte Leben dagegen wird aktiv gestaltet durch das, was der Mensch kann und will", erklärte Schnell in einem Focus-Interview. „Im Idealfall ergibt sich ein Lebensentwurf, der stimmig ist und sich subjektiv richtig anfühlt."[9] Warum ist es also so wichtig für uns alle, eine tiefe, befriedigende Antwort auf den Sinn des Lebens zu finden?

Die Bedeutung eines wahren Sinns im Leben

Einen echten Sinn des Lebens, eine erfüllende Lebensaufgabe oder einen tief empfundenen Zweck der Existenz zu haben, ist eine wichtige Basis für unser Glück und innere Zufriedenheit. Er ist Voraussetzung dafür, sich mit aller Kraft auf das Leben einzulassen, unbeirrt seine Ziele zu verfolgen und sich den immer wieder auftauchenden Hindernissen und Herausforderungen zu stellen.

Wenn wir keinen Sinn im Leben sehen oder uns der Sinn abhanden gekommen ist, dann fühlen wir uns ohne Antrieb, kraftlos und ausgelaugt, sämtliche Freude und Energie gehen verloren. Wer keinen Sinn mehr in seiner Existenz sieht, der riskiert, ein fremdbestimmtes Leben zu führen, in dem er wie ein Automat funktioniert und lediglich darauf wartet, dass seine Lebenszeit abläuft.

Statt ein selbstbestimmtes und erfüllendes Leben zu führen, existieren diese Menschen nur, solange die Körnchen durch die Sanduhr ihrer Lebenszeit rieseln. Im schlimmsten Fall sehen manche Menschen den einzigen Ausweg darin, aus dem Leben zu scheiden und dem Gefühl von Sinnlosigkeit, endlosem Schmerz und vernichtender Leere ein Ende zu bereiten.

Während uns die Sinnfrage unbewusst unser ganzes Leben lang begleitet, so gibt es doch auch wichtige Auslöser, die diese Frage aus den Tiefen unserer Seele in unser Bewusstsein katapultieren und sie uns erneut stellen lässt. Wichtige Gründe dafür finden sich in existenziellen Krisen und negativen Erlebnissen, die uns von außen widerfahren. Oder in dem Gefühl innerer Leere, die gefüllt werden will. Sowie in bestimmten Lebensphasen, in denen wir nach Orientierung suchen und wichtige Entscheidungen fällen müssen.

Das Gefühl von innerer Leere in der Überflussgesellschaft

Gerade in unserer modernen Überflussgesellschaft scheint sich seit Langem schon ein Gefühl innerer Leere und Sinnlosigkeit auszubreiten. Und das, obwohl es den meisten Menschen in den westlichen Industrienationen noch nie so gut ging wie heute.

Zumindest materiell gesehen haben wir alles, was wir zum Leben brauchen. Statt mit Mangel und einem harten Kampf ums Dasein sehen wir uns vielfach mit Übersättigung, Überdruss und Langeweile konfrontiert. Auch viele Menschen, die nach außen ein vermeintlich glückliches Vorzeige-Leben mit Familie, Haus und Garten führen sowie erfolgreich im Job sind, sind tief in ihrem Innersten nicht glücklich geworden.

Sie funktionieren zwar und gliedern sich vorbildlich in die Gesellschaft ein, doch sie haben das Gefühl, dass irgendetwas in ihrem Leben nicht stimmt. Sie fragen sich: Soll das schon alles gewesen sein? Gibt es nicht noch etwas anderes, wofür es sich tatsächlich zu leben lohnt? Was sie vermissen ist ein tieferer

Sinn, ein echter Grund des Daseins und eine erfüllende Lebensaufgabe.

Erich Fromm sah bereits Mitte des 20. Jahrhunderts die Ursache für das Gefühl der Leere in einer Gesellschaftskultur, in der materieller Erfolg, Prestige, Geld und Macht die höchsten Werte sind. Nach Fromm braucht der moderne Kapitalismus Menschen, die in großer Zahl reibungslos funktionieren, immer mehr konsumieren wollen und deren Geschmack leicht beeinflusst werden kann.

„Er braucht Menschen, die sich frei und unabhängig vorkommen und meinen, für sie gebe es keine Autorität, keine Prinzipien und kein Gewissen – und die trotzdem bereit sind, sich kommandieren zu lassen, zu tun, was man von ihnen erwartet, und sich reibungslos in die Gesellschaftsmaschinerie einzufügen“[10], so Fromm.

Dementsprechend besteht das Glück der Menschen vor allem darin, Spaß zu haben durch ungezügelten Konsum. „Die Welt ist nur noch da zur Befriedigung unseres Appetits, sie ist ein riesiger Apfel, eine riesige Flasche, eine riesige Brust, und wir sind die Säuglinge, die ewig auf etwas warten, ewig auf etwas hoffen und ewig enttäuscht werden“[11], erklärte Erich Fromm.

Auch Viktor Frankl stellte in der Überflussgesellschaft der westlichen Welt ein steigendes Sinnlosigkeitsgefühl bei vielen Menschen fest, dass er sogar als Massenneurose bezeichnet. Der Wiener Psychiater hat sich intensiv mit der Frage nach dem Sinn der menschlichen Existenz beschäftigt. Die von ihm ins Leben gerufene Logotherapie, die neben Sigmund Freuds und Alfred Adlers Theorien als „Dritte Wiener Schule der Psychotherapie“ gilt, verfolgt das Ziel, den Menschen in seiner Sinnfindung zu helfen.

Nach Frankl geht das Sinnlosigkeitsgefühl des modernen Menschen mit einem Leergefühl einher, mit einem existenziellen Vakuum. Wie kann es in einer Gesellschaft dazu kommen, die kein einziges Grundbedürfnis unbefriedigt lässt? Für Frankl resultiert das daraus, dass die „affluent society" eben nur Bedürfnisse befriedigt, aber nicht den Willen zum Sinn erfüllt.

Die meisten Leute haben genug, wovon sie leben können. Aber viele Menschen wissen nicht, wofür sie leben können. Sie haben keinen Lebenszweck und ihr Leben hat kein Wozu, also eben keinen Sinn. Gleichzeitig bleiben dem Menschen heute im Vergleich zu früheren Zeiten viel Not und Anspannung im Kampf ums Dasein erspart. Dadurch ist seine Frustrationstoleranz herabgesetzt. Er hat verlernt zu verzichten und weiß nicht, wie er mit Schwierigkeiten umgehen soll.

Für den Wiener Wissenschaftler wohnt jedem Menschen ein tiefes Sinnbedürfnis inne, in seinem Leben oder in jeder einzelnen Lebenssituation einen Sinn zu finden – „und hinzugehen und ihn zu erfüllen!" Dafür ist er auch bereit, zu leiden, wenn es nötig sein sollte. „Umgekehrt aber, wenn er um keinen Sinn des Lebens weiß, dann pfeift er aufs Leben, auch wenn es ihm äußerlich noch so gut gehen mag, und unter Umständen schmeißt er es dann weg"[12], so Frankl.

Aber auch in wichtigen Lebensphasen der Neuorientierung, in denen wir gefordert sind, zentrale Weichen für unseren weiteren Weg zu stellen, spielt die Frage nach dem Sinn eine entscheidende Rolle. Zwei neuralgische Punkte sind vor allem die Zeitabschnitte am Ende des ersten Lebensviertels sowie zur Mitte des Lebens – besser bekannt unter den Schlagwörtern Midlife-Crisis und Quarterlife-Crisis.

Die Midlife-Crisis: Was erwarte ich noch vom Leben?

Bin ich glücklich mit meinem Leben? Finde ich Erfüllung in meiner Arbeit? Ist das alles wirklich das, was ich will? Existenzielle Fragen wie diese schlummern oft lange Zeit vom Alltagsstress verdrängt im Unterbewusstsein. Spätestens in der gefühlten Halbzeit des Lebens dringen sie plötzlich klar ins Bewusstsein.

Die Karriereleiter hochgeklettert, ein Haus gebaut, die Kinder großgezogen, Zeit zum Nachdenken. Und was kommt jetzt? Business as usual bis zur Rente? Oder noch mal durchstarten, etwas Neues wagen?

Die Midlife-Crisis stürzt Männer und Frauen häufig zwischen 40 und 50 in eine Sinnkrise. Die Anzeichen: Stimmungsschwankungen, häufiges Grübeln über Gott und die Welt, innere Unsicherheit bis hin zur Unzufriedenheit mit dem bisher Erreichten – sei es im Beruf, der Partnerschaft oder der Familie. Auch körperlich zeigt sich, dass man keine 20 mehr ist, erste Vorboten des Alters tauchen auf: tiefere Falten, die ersten grauen Haare, zunehmender Bauchumfang, abnehmende Fitness und hormonelle Veränderungen.

In der Mitte des Lebens unterzieht sich der Mensch einer kritischen Selbstreflexion. Er blickt auf seinen bisherigen Weg zurück und zieht Bilanz. Was war gut? Was war schlecht? Habe ich erreicht, was ich wollte? Was habe ich verpasst? Was erwarte ich noch vom Leben?

Die Hälfte der potenziellen Lebenszeit ist vorbei und man fragt sich, was in Zukunft noch kommen soll. Dem Menschen wird die eigene Vergänglichkeit bewusst. Die Uhr tickt, die noch verbleibende Zeit wird immer kleiner. Anders als mit 20 bietet das Leben nun nicht mehr unendlich viele Möglichkeiten. Letztendlich gibt es nur zwei Optionen: Weitermachen wie bisher oder Veränderungen wagen.

In der Rushhour des Lebens spielt das Thema Beruf und Berufung[13] eine entscheidende Rolle für Erfüllung und Glück – schließlich verbringen wir den Großteil der Lebenszeit mit Arbeit, wesentlich mehr als mit der Familie oder dem Partner. Doch die Realität zeichnet ein nüchternes Bild: „Nur 16 Prozent der Arbeitnehmer sind mit Herz, Hand und Verstand bei der Arbeit. Die große Mehrheit, 68 Prozent der Beschäftigten, machen lediglich Dienst nach Vorschrift und 16 Prozent der Werktätigen sind emotional ungebunden und haben innerlich bereits gekündigt.“ Dies sind zentrale Ergebnisse des Engagement Index 2015[14], den das Beratungsunternehmen Gallup im März 2016 veröffentlicht hat.

Im Zenit des Lebens kommt das besonders zum Tragen. Die Zahlen zeigen, dass es gerade im Beruf ein großes Verbesserungspotenzial gibt, will man den Rest seines Lebens glücklich verbringen. Manche mögen nicht so weit gekommen sein, wie sie wollten, stecken in einer Sackgasse fest – ein Mut zum Wechsel könnte die Lösung sein, eine andere Firma, eine andere Branche, eine andere Aufgabe. Doch auch wer die Karriereleiter emporgeklettert ist, nach außen erfolgreich scheint, der mag innerlich feststellen, dass es eigentlich gar nicht das ist, was er tun wollte. Dass die Interessen ganz woanders liegen und die Arbeit keine Freude macht.

Viele Fachkräfte aus unterschiedlichsten Branchen – so zeigen Studien – erkennen nicht den tieferen Sinn in dem, was sie tun. Auch manche Manager in Konzernen sind genervt von ziellosen Meetings, endlosen Abstimmungsschleifen, politischen Spielchen, von mangelnder Wertschätzung und lähmender Bürokratie. Sie vermissen Freiheit und Gestaltungsspielraum, wollen ihre eigenen Ideen umsetzen, selbst- statt fremdbestimmt sein. Waren bisher Karriere, Geld und Status der höchste Maßstab für sie, so tritt nun die Sehnsucht nach einer erfüllenden und sinnstiftenden Aufgabe in den Vordergrund. Manch ein Manager zieht die Reißleine, macht sich selbstständig, gründet ein Unternehmen oder steigt in ein vielversprechendes Start-up ein, in das er seine Erfahrungen und Kontakte einbringen kann.

Viele arrangieren sich auch im ungeliebten Job und leben ihr Leben in der Freizeit, nach Feierabend und am Wochenende aus. Doch permanente Unzufriedenheit und Frustration im Job können auf Dauer krank machen. Wer es nicht schafft, das Hamsterrad zu verlassen, der fühlt sich bald erschöpft, müde und ausgebrannt. Nicht umsonst steigt die Zahl der Depressionen und Burn-out-Fälle immer mehr an, psychische Erkrankungen zählen inzwischen zu den häufigsten Ursachen für Berufsunfähigkeit.

Nicht nur permanenter Stress, Überarbeitung und Überforderung können gefährlich werden, sondern auch emotionale Erschöpfung. Und die resultiert aus Frustration, Desillusionierung, Abstumpfung durch Routine und einer Diskrepanz zwischen Erwartung und Realität. Hier hilft nur eine Veränderung, der Mut zu einem Neuanfang. Die Kraft für einen Wechsel findet man in der Antwort auf die Frage: Wofür lohnt es sich, noch einmal richtig durchzustarten?

Quarterlife-Crisis: Die Sinnkrise von jungen Erwachsenen

Weit weniger bekannt als die Midlife-Crisis, aber durchaus weitverbreitet ist auch die sogenannte Quarterlife-Crisis: die Sinnkrise von jungen Erwachsenen in der Altersklasse zwischen 21 und 29 Jahren. Diese befinden sich in einer Phase, in der sie ihre Ausbildungszeit bereits abgeschlossen haben und sich nun im Berufsleben bewähren müssen.

Jetzt gilt es, sich im wettbewerbsorientierten Arbeitsumfeld an neue Spielregeln und soziale Muster zu gewöhnen sowie mit Hackordnungen und Machtspielen umzugehen. Bekannt gemacht haben diesen Begriff die US-Amerikanerinnen Abby Wilner und Alexandra Robbins mit ihrem 2001 veröffentlichten Bestseller „Quarterlife-Crisis: Die Sinnkrise der Mittzwanziger“[15].

Beim Fazit über ihr erstes Lebensviertel stellen viele junge Frauen und Männer fest, dass ihr Status quo weit von dem einst erträumten Idealzustand entfernt ist. Sie fühlen sich nicht genug und denken, dass alle anderen um sie herum besser und erfolgreicher sind als sie selbst. Vor allem Frust und Konflikte in Beziehungen oder in der Arbeitswelt stürzen die Twens in eine Identitätskrise und sorgen für Gefühle der Unsicherheit, Zweifel und Zukunftsangst – ein Zustand, der sogar zur Depression führen kann.

Enttäuschung macht sich breit, wenn sie feststellen, dass der ausgeübte Job weder ihren akademischen Fähigkeiten, Idealen und Wertvorstellungen entspricht, noch ihren Wunsch nach Selbstverwirklichung erfüllt. Auch im Liebesleben entpuppen sich die erhofften Märchenprinzen und -Prinzessinnen oft als Luftnummern und lassen Träume wie Seifenblasen platzen. Die Suche nach Mister oder Misses Right scheint sich endlos fortzusetzen. Schließlich ist der nächste potenzielle Traumpartner nur einen Klick weit auf Tinder entfernt. Konflikte gemeinsam zu überstehen und daran zu wachsen, scheint sich für sie nicht zu lohnen. Und so beginnt der Kreislauf endlos von Neuem.

Dabei stehen den Angehörigen der Generation Y (also den heute 15- bis 35-Jährigen) und der Generation Z (den heute 5- bis 20-Jährigen) doch theoretisch alle Türen offen. Genau das Leben führen zu können, das zu den individuellen Talenten passt und damit die beste Basis für die persönliche Entfaltung bietet. Zumindest in weit größerem Maße, als es noch bei der Generation ihrer Eltern oder Großeltern der Fall war. Deren Lebensweg war oft eingeschränkt, ohne größere Wahlmöglichkeiten vorgezeichnet oder von schrecklichen Kriegen und entbehrungsreichen Nachkriegszeiten geprägt.

Dagegen sind die „Millennials" in einer Welt überbehütender Elternhäuser, des Wohlstands und vielfältiger Bildungswege aufgewachsen, in der sie als „Digital Natives" von klein auf die Vorteile von Internet, Smartphones und sozialen Netzwerken nutzen konnten. Doch die Fülle an Optionen in einer immer komplexeren Welt kann auch mehr Fluch als Segen sein – und bei vielen Menschen Ohnmacht und Orientierungslosigkeit bei der Suche nach dem idealen Weg erzeugen.

Denn wer die Wahl hat, hat die Qual und so kann die Freiheit schnell zur Last werden. Wer theoretisch alles tun oder überall leben kann, den plagt nicht selten die Angst, womöglich eine falsche Entscheidung zu treffen. Die heutige Freiheit fordert uns dazu auf, aus der Vielzahl der Möglichkeiten diejenige Option auszuwählen, die für einen sinnerfüllten Lebensweg am besten zu uns passt.

Gleichzeitig stellen die Angehörigen der Generationen Y und Z auch wesentlich höhere Ansprüche an ihr Berufsleben als noch deren Eltern und Großeltern. Für die Babyboomer und die Generation X – also die heute 41- bis 66-Jährigen – galt häufig noch die Devise: „Wir leben, um zu arbeiten." Darunter finden sich auch zahlreiche karriereorientierte Workaholics, für die der berufliche Aufstieg den höchsten Wert hat. Dagegen zählen bei den nachfolgenden Generation Y und Z ein größerer Gestaltungsspielraum, Spaß und Selbstverwirklichung zu den wichtigen Werten im Arbeitsumfeld.

Zur Situation der Generation Y erklärte der Neurobiologe und Bestseller-Autor Professor Gerald Hüther in einem Interview mit SinndesLebens24: „In jedem hierarchischen System werden zwangsläufig diejenigen, die auf den unteren Stufen gelandet sind, von jenen, die weiter oben positioniert sind, zu Objekten von deren Erwartungen, Belehrungen, Anordnungen und Maßnahmen gemacht. Seine Talente und Begabungen entfalten kann aber nur jemand, der sich als Subjekt, als Gestalter im eigenen Tätigsein und im Zusammenleben mit anderen erlebt ...

Wir kommen ja alle als kleine Potenzialentfalter zur Welt und müssen dann aber erleben, dass andere Personen uns sagen oder auf andere Weise deutlich machen, was sie von uns erwarten, was wir zu lernen, zu tun und zu lassen haben. So fangen wir an, uns in uns selbst und im Zusammenleben mit diesen anderen immer stärker zu verwickeln. Manche erkennen das irgendwann, weil sie merken, dass sie so nicht glücklich werden.

Einige versuchen sich aus diesen Verstrickungen wieder zu befreien, sich also zu ‚ent-wickeln'. Andere finden sich aber auch damit ab und geben auf, ein selbstbestimmtes und selbstverantwortliches Leben zu führen. Was ihnen dann noch bleibt und worum sie sich bemühen, ist die Stabilisierung des Bestehenden, also Besitzstandwahrung."[16]

So scheint es nur dann einen echten Ausweg aus der Quarterlife-Crisis zu geben, wenn wir uns selbst erkennen und uns selbst hinterfragen. Wenn wir unsere wahren Wünsche und Lebensziele herausfinden und versuchen, diese in die Tat umzusetzen.

Krisen, Unglück und negative Erlebnisse

Doch die Frage nach dem Sinn des Lebens stellt sich nicht nur in von Überdruss, Übersättigung und Langeweile geprägten Zeiten oder in Lebensphasen der Neuorientierung, sondern vor allem auch in existenziellen Krisen und dramatischen Situationen. Schwierige Lebensumstände also, in denen uns der Sinn des Lebens abhandenkommt.

Die Auslöser dafür können schwere Krankheiten, der Tod geliebter Menschen, gescheiterte Liebesbeziehungen, aber auch Arbeitslosigkeit oder die Insolvenz des eigenen Unternehmens sein. Solche fundamentalen Negativerlebnisse verändern nicht nur unsere äußeren Lebensumstände dramatisch, sondern auch die innere Beziehung zu uns selbst, zu unserem Leben und zur Welt. Dann ist uns das Leben, das wir bisher einigermaßen im Griff hatten, unvermittelt entglitten.

Mit dem wegbrechenden Sinn geht ein wichtiger Eckpfeiler unseres Lebens verloren, ja vielleicht sogar der Zweck unserer Existenz. Plötzlich erscheint uns alles schmerzhaft und sinnlos. Wir selbst kommen uns nur noch hilf- und nutzlos vor. Wir können einfach nicht begreifen, was geschehen ist und warum. In solchen Krisen beginnen wir häufig, uns die Fragen zu stellen: Was soll das alles eigentlich? Wofür bin ich überhaupt auf der Welt? Was soll ich noch hier?

„Wer um einen Sinn seines Lebens weiß, dem verhilft dieses Bewusstsein mehr als alles andere dazu, äußere Schwierigkeiten und innere Beschwerden zu überwinden“, macht Viktor Frankl die Bedeutung des Sinns für unser Dasein deutlich.

Frankl spricht hier nicht nur als Wissenschaftler, sondern auch aus eigener Lebenserfahrung. In seinem Bestseller „... trotzdem Ja zum Leben sagen: Ein Psychologe erlebt das Konzentrationslager“ beschreibt er seine eigenen schmerzhaften Erlebnisse während des Zweiten Weltkriegs.

Die Kernaussage des Klassikers lautet, dass es auch noch unter inhumansten Bedingungen möglich ist, einen Sinn im Leben zu sehen. Demnach hatten jene Inhaftierten noch am ehesten eine Chance zu überleben, die auf einen Sinn ausgerichtet waren, dem sie sich verpflichtet fühlten.

Gerade dort, wo wir eine Situation nicht ändern könnten, sei uns abverlangt, uns selbst zu ändern, nämlich zu reifen, zu wachsen und über uns selbst hinauszuwachsen. Das ist bis in den Tod möglich. Denn „im Erfüllen von Sinn verwirklicht der Mensch sich selbst“[17], so Frankl.

Der Sinn als innerer Kompass und Schutzschild

Das alles macht mehr als deutlich: Ein echter Sinn im Leben gibt dem Menschen erst Kraft und innere Sicherheit. Ja, noch weit mehr als das. Der eigene Sinn des Lebens dient ihm als innerer Kompass im Sturm der Welt, als Schutzschild, die Höhen und Tiefen des Lebens zu meistern. Tatjana Schnell, Professorin für Persönlichkeits- und Differentielle Psychologie an der Universität Innsbruck, fasst im Interview mit SinndesLebens24 zusammen:

Die vier Merkmale der Sinnerfüllung:

- Bedeutsamkeit: Ich werde wahrgenommen, erfahre Resonanz auf mein Dasein und erlebe, dass mein Handeln (oder Nicht-Handeln) Konsequenzen hat.
- Orientierung: Ich habe einen Lebensweg gewählt und kenne die Richtung, in die ich gehen will.
- Zugehörigkeit: Ich erfahre mich als Teil eines größeren Ganzen und als in diese Welt gehörig.
- Kohärenz: Mein Leben erscheint mir stimmig und passend und ich widerspreche mir nicht selbst in meinem Handeln.“[18]

Doch gehen wir der Sinnfrage jetzt systematisch auf den Grund und teilen sie in ihre beiden wichtigsten Bestandteile auf. Sie umfasst grundsätzlich zwei verschiedene Aspekte, die aufeinander aufbauen.

Erstens: Welchen Sinn hat das Leben an sich? Hier geht es um die äußeren Rahmenbedingungen, die generelle Bedeutung der Welt und der Existenz von Leben überhaupt. Und zweitens: Welchen Sinn gebe ich meinem Leben? Hier geht es um die persönliche Existenz jedes einzelnen Menschen und was er daraus macht.

Kapitel 1
Glauben – welchen Sinn hat das Leben an sich?

Eine Frage von existenzieller Bedeutung

Welchen Sinn hat das Leben an sich? Diese Frage ist für jeden von uns von existenzieller Bedeutung. Denn unsere Einstellung dazu legt fest, wie wir die Welt, uns selbst und die Menschen um uns herum wahrnehmen und einschätzen. Sie ist eine wichtige Grundlage für unsere Sicht aufs Dasein, für unsere Werte und das Urvertrauen, sich mit optimistischer Zuversicht aufs Leben einzulassen. Ein Fixstern am Himmel und eine zentrale Leitlinie, die uns auf unserem Lebensweg Orientierung gibt.

Aus dieser Hauptfrage nach dem Sinn und Zweck der Existenz an sich ergeben sich weitere wichtige Teilfragen:

- Sind das Universum und alles Leben nur aus purem Zufall heraus entstanden? Oder steckt ein Schöpfer, ein göttlicher Plan dahinter?
- Regiert auch im Leben der Zufall? Oder wird mein Schicksal von einer göttlichen Hand oder dem Karma gelenkt?
- Gibt es ein Leben nach dem Tod und hat mein Handeln Auswirkungen darauf? Oder ist danach alles aus, als hätte ich nie gelebt?

Im Kern gibt es nur die zwei grundlegenden Prämissen: Es gibt einen Gott oder ein höheres Wesen – in welcher Form auch immer –, der die Welt und uns erschaffen hat und ein Leben nach dem Tod. Oder es ist alles zufällig entstanden und nach dem Tod ist unsere Existenz, unser Bewusstsein für immer erloschen. Unsere Antwort auf diese elementare Grundfrage hat einen starken Einfluss darauf, wie wir unsere persönliche Sinnfindung angehen.

So ist für den Gläubigen der generelle Sinn des Lebens durch Gott gegeben, der das Universum, die Welt und den Menschen geschaffen hat. Hier ist grundsätzlich also schon mal Sinn in der Welt vorhanden. Dagegen ist für Agnostiker – Zweifler – und Atheisten die Sinnfrage in einer für sie rein zufällig entstandenen, rein naturwissenschaftlichen Welt schwieriger zu beantworten.

Sinnstifter Religion: Gott verleiht dem Leben Sinn

Für den Gläubigen – welcher Religion auch immer – hat Gott das Universum, die Welt und den Menschen erschaffen und damit allem einen grundlegenden Sinn gegeben. Das Leben geht nach dem Tod weiter und unsere Handlungen hier auf der Erde haben Folgen für die Zeit danach. Wir müssen uns für unsere Taten verantworten und werden von Gott, unserem Karma oder uns selbst zur Rechenschaft gezogen.

„An Gott glauben, heißt sehen, dass das Leben einen Sinn hat"[19], schrieb Ludwig Wittgenstein, einer der bedeutendsten Philosophen des 20. Jahrhunderts. Glaubt der Mensch an Gott, so scheint er in den Religionen und im Glauben den tieferen Sinn seines Seins und Orientierung zu finden.

Jede Religion hat ihre Regeln, Gebote und Pflichten aufgestellt, die der Gläubige für das „richtige" Leben befolgen muss und mit deren Einhaltung er auch seinen Sinn erfüllt. Hier einige Beispiele dafür[20].

Zentrale Aussagen von Christentum, Buddhismus und Hinduismus

So ist der Sinn des Lebens im Christentum, an Gott zu glauben und dessen Gebote einzuhalten – zum Beispiel die zehn Gebote –, um nach dem Tod „in den Himmel" zu kommen. Zentrale Aspekte der Bibel sind die praktizierte Nächstenliebe, Buße und der Glaube an die Erlösung durch Jesus Christus. Nach dem Tod wägt Gott die Taten der Menschen ab, belohnt die Gerechten mit dem ewigen Leben im Paradies und bestraft die Sünder in der Hölle.

In der Weltsicht des Buddhismus ist das Leben durch Alter, Krankheit und Tod von Leid geprägt. Alle Wesen sind einem endlosen leidvollen Kreislauf von Geburt und Wiedergeburt, dem Samsara, unterworfen. Die guten und schlechten Taten wirken sich auf unser nächstes Leben aus – Karma. Der Sinn des Lebens besteht im Buddhismus darin, dem Kreislauf der Wiedergeburten zu entkommen und als Erleuchteter in das Nirwana einzugehen. Um dies zu erreichen, muss der Mensch Gier, Hass, Verblendung vermeiden und sich auf den edlen achtfachen Pfad begeben: rechte Erkenntnis, rechte Absicht, rechte Rede, rechtes Handeln, rechter Lebenserwerb, rechte Übung, rechte Achtsamkeit und rechte Meditation.

Ähnliche Vorstellungen finden sich auch im Hinduismus wieder. Diese Religion ist zwar einerseits geprägt von einer Vielfalt an Göttern, Halbgöttern und himmlischen Wesen. Aber andererseits auch von der Vorstellung eines unpersönlichen Gottes. So ist einer der wichtigsten Begriffe im Hinduismus das Brahman – der höchste kosmische Geist. Brahman ist die unbeschreibliche, unerschöpfliche, allwissende, allmächtige, nicht körperliche, allgegenwärtige, ursprüngliche, erste, ewige und absolute Kraft.

Das Brahman ist ohne einen Anfang, ohne ein Ende, in allen Dingen enthalten und die Ursache, die Quelle und das Material jedweder bekannten Schöpfung. Es ist rational unfassbar und doch dem gesamten Universum immanent. Die Upanishaden beschreiben es als das eine und unteilbare ewige Universalselbst, das in allem anwesend ist und in dem alle anwesend sind. Nach Auffassung des Advaita Vedanta, einer Schule hinduistischer Philosophie, ist der Mensch in seinem innersten Wesenskern mit dem Brahman identisch. Dieser innere Wesenskern wird auch Atman genannt. Diese Identität von Brahman und Atman kann prinzipiell jeder Mensch erfahren. Dagegen ist Gott nach Lehre des Philosophen Vishishtadvaita von Ramanuja alles, was existiert. Es besteht jedoch ein qualitativer Unterschied zwischen individueller Seele und höchstem Gott.

Spiritualität: Der persönliche Zugang zum Göttlichen

Völlig losgelöst von religiösen Dogmen umfasst Spiritualität die Möglichkeit, einen persönlichen Zugang zum Göttlichen zu finden. Sie geht davon aus, dass es zwischen Himmel und Erde mehr gibt, als die Naturwissenschaft beweisen kann.

Dabei steht der Begriff „Spiritualität“[21] für das Geistliche im Gegensatz zum Materiellen. Im Kern umfasst sie das persönliche Erleben einer nicht erklärbaren transzendenten Wirklichkeit, in deren Zentrum je nach Weltanschauung Gott, universelle Intelligenz oder eine höhere Macht steht. Es geht dabei nicht um Ratio oder Logik, sondern um persönliche Erfahrungen, Gefühl und Intuition. Denn Spiritualität kommt aus dem Herzen, nicht aus dem Verstand. Spirituelle Menschen streben nach einem höheren Sinn und richten ihr Leben auf die Erfahrung einer höheren Wirklichkeit aus. Dies hat meist auch positive Auswirkungen auf die Lebensführung und die ethischen Vorstellungen.

Zwar finden sich spirituelle Elemente auch in allen Religionen – am offensichtlichsten in den fernöstlichen – wieder. Aber Spiritualität zeichnet sich gerade dadurch aus, dass man sie auch völlig losgelöst von jeglicher religiösen Weltanschauung erfahren kann. Sie setzt lediglich Religiosität voraus, also ein individuelles Streben nach spiritueller Erfahrung und die intuitive Empfindung, dass es etwas Göttliches oder Transzendentes geben muss.

Diesen Aspekt einer Spiritualität, die jenseits der Kirche stattfindet, hat bereits auch Johann Wolfgang von Goethe in seinem Drama „Faust“ angesprochen: „Kein persönlicher Gott mehr, keine Konfession, keine Glaubensgemeinschaft, keine Kirche, keine damit verbundene sittliche Weltordnung – aber das Gefühl einer Allheit und Allverbundenheit, emotionale Übereinstimmung mit dem Weltganzen, das Absolute als Chiffre für die Liebe.“[22]

Bis heute gibt es jedoch keine allgemein anerkannte Definition dieses Begriffes, da Spiritualität sehr stark von der individuellen Weltanschauung des Einzelnen abhängt. Aber es gibt einige verbindende Elemente und interessante Denkanstöße. So sieht der Psychologe Rudolf Sponsel Spiritualität als Beschäftigung „mit Sinn- und Wertfragen des Daseins, der Welt und der Menschen und besonders der eigenen Existenz und seiner Selbstverwirklichung im Leben“[23]. Der Biophysiker Markolf Niemz sagte: „Spiritualität ist Wahrheit, die von innen kommt.“[24]

Als einer der Pioniere, die fernöstliche Spiritualität in Europa hoffähig gemacht haben, gilt der Psychotherapeut und Zen-Lehrer Karlfried Graf Dürckheim. Er zählt auch zu den Wegbereitern der transpersonalen Psychologie, die klassische Ansätze aus Psychologie und Psychotherapie mit spirituellen Aspekten ergänzt.

Für Dürckheim[25] sind Transzendenz, Immanenz und Transparenz wesentliche Merkmale der Spiritualität. Das heißt, spirituelle Traditionen gehen davon aus, dass es eine höhere Wirklichkeit gibt, die das rationale Verstehen übersteigt. Zudem ist dieses Transzendente oder Göttliche in allem anwesend und in allem innewohnend, also immanent. Erfahrbar wird es durch Transparenz, indem man das Göttliche in sich selbst erkennt und in jedem Menschen, in jedem Wesen sowie in allem spürt und das Denken durchlässig für das Göttliche wird. Spiritualität heißt für Dürckheim auch, das Göttliche durch sich wirken zu lassen und in den Ereignissen des Lebens das Wirken Gottes zu sehen.

Auch Sukadev Volker Bretz, Autor und Leiter des Yoga-Netzwerkes Yoga Vidya, hat in seinem Konzept „Sieben Wörter spiritueller Philosophie“[26] versucht, die Grundprinzipien zu beschreiben, die allen spirituellen Traditionen zugrunde liegen.

Demnach steckt hinter allem, was existiert, eine höhere Wirklichkeit und der Mensch hat die tiefe Sehnsucht, diese zu erfahren. Allerdings unterliegt er bei der Wahrnehmung der Welt einer Täuschung, da er sich von der Schöpfung und von den anderen Geschöpfen getrennt sieht. In der spirituellen Wahrheit ist jedoch alles miteinander verbunden und Manifestation des gleichen Göttlichen.

Solange man dieser Täuschung unterliegt, befindet man sich im Leiden. Denn auf materieller Ebene ist alles begrenzt, sterblich und Veränderungen unterworfen und das kann uns auf Dauer nicht befriedigen. Das Leiden ergibt sich nicht aus den Umständen, sondern weil man das Göttliche nicht verwirklicht hat.

Ein weiteres spirituelles Grundprinzip lautet, dass es Sinn und Zweck des menschlichen Daseins ist, das Göttliche zu erfahren und mit dem Göttlichen zu verschmelzen. Alle spirituellen Traditionen sagen, dass es für jeden möglich ist, Erleuchtung zu erlangen. Wichtige Voraussetzungen dafür sind, spirituelle Praktiken wie Meditation zu üben und sich zu bemühen, in allem das Göttliche zu sehen. Zudem liegt allen spirituellen Philosophien die Einstellung zugrunde, dass das Leben einen Sinn hat und die Ereignisse nicht zufällig auf uns zukommen.

Das Leben gilt als Schule und das Schicksal gibt uns genau die Erfahrungen, die wir brauchen, um daran zu wachsen und in unserer Spiritualität weiter voranzuschreiten. Dabei ist es natürlich stets wichtig, ethische Regeln einzuhalten und sich für eine gute Sache zu engagieren. Letztendlich kann man sich die Erleuchtung jedoch nicht völlig selbst erarbeiten oder sie gar erzwingen. Sie ergibt sich aus dem Zusammenspiel von eigenem Bemühen, dem Annehmen der Aufgaben des Lebens und einem sich Öffnen für die göttliche Gnade, so das Konzept von Bretz.

Mit der praktischen Verbindung von Spiritualität und Psychologie in der transpersonalen Psychologie hat sich der Psychotherapeut, Hochschuldozent und Autor Dr. Sylvester Walch intensiv auseinandergesetzt. Im Interview mit SinndesLebens24 erklärte er, welche Vorteile sich daraus für die psychische Gesundheit ergeben: „Diese beiden Bereiche – also die Psychologie und die Spiritualität – entspringen einer Urmotivation des Menschen, zu wachsen, heil zu werden und sich seiner selbst bewusst zu werden. Die Psychotherapie verhilft uns dazu, seelische Konflikte aufzulösen sowie authentischer, selbstbewusster und liebensfähiger zu werden.

Durch schädigende Einflüsse wie Traumata, Übergriffe, Defizite von Liebe und Geborgenheit sowie chronische Konflikte in der Familie, haben sich unnatürliche und destruktive Selbstwahrnehmungen aufgebaut, die es aufzulösen gilt. Deshalb geht es in psychotherapeutischen Prozessen im Wesentlichen darum, zu folgenden natürlichen Einstellungen sich selbst gegenüber zurückzufinden: ‚Ja, ich bin willkommen.' ‚Ja, ich werde geliebt.' ‚Ja, ich werde wertgeschätzt.' ‚Ja, ich werde gebraucht.'

Über den spirituellen Weg und regelmäßige Meditationsübungen finden wir heraus, wer wir wirklich sind und dass wir in etwas Größerem eingebettet sind. Wenn wir uns als Teil des Ganzen erleben und uns dort verorten lernen, ist das eine enorme Ressource, die uns Kraft gibt. Gleichzeitig lernen wir loszulassen, mitfühlender und achtsamer mit uns selbst und anderen zu werden.

Beide Perspektiven ergänzen sich in wunderbarer Weise, denn wenn die Psychotherapie die Türe zur Spiritualität öffnet, wirkt sie nachhaltiger und tiefer. Und wenn der spirituelle Weg die Prinzipien der Psychotherapie mit einbezieht, wird er wahrhaftiger und ist weniger anfällig für Tabus."

Weitere wesentliche Merkmale der transpersonalen Psychologie beschreibt der Experte folgendermaßen: „Sie hat uns gelehrt, dass die Weisheit in unserem Inneren zu finden ist. Sie sieht den Menschen eingebettet und eingewoben in etwas Größeres. Wir sind also mehr als nur Persönlichkeit, Lebensgeschichte oder ein Ensemble von Rollen. Das Selbst ist für sie nicht nur auf die Persönlichkeit bezogen, sondern mit dem Seinsganzen verbunden. Die Vertreter der transpersonalen Psychologie sehen im menschlichen Innenraum eine verborgene Intelligenz am Werk, inspirierend, heilend und die Entwicklung unseres Lebens steuernd. Sie tritt in Verbindung zum Umfeld als ein Prozess umgreifender Selbstorganisation in Erscheinung"[27], so Walch.

Zweifel an Kirche und Religion

Doch kommen wir nun wieder zurück zum institutionalisierten Glauben und stellen die Frage: Welche Bedeutung spielt die Religion heute noch für die Menschen? Wirft man einen Blick auf den christlichen Glauben in Deutschland, dann ist die Zahl der Gläubigen in den letzten Jahrzehnten immer weiter zurückgegangen, während die Zahl der Kirchenaustritte zugenommen hat. Nach aktuellen Statistiken[28] glauben heute nur noch 58 Prozent der deutschen Bevölkerung an Gott. Warum ist das so?

„Zu Zeiten der Volkskirche taten die Menschen, was die Mehrheit tat, sie gingen in die Kirche", sagte der katholische Moraltheologe Peter Schallenberg in einem Focus-Artikel. „Aber in den hochindustrialisierten, hochemanzipierten postmodernen Gesellschaften sind Religion und Glaube extrem privatisiert. Von persönlichen Erweckungserlebnissen abgesehen wird Transzendenz ausgeblendet ... In einem gesättigten Alltagsleben mit unbegrenzten Angeboten wird es schwer, den Sinn für Gott zu entdecken. Es muss erst eine Erschütterung durchs Leben gehen, sonst kommt niemand auf die Idee, an Gott zu glauben"[29], so Schallenberg.

Auch eine Studie der Evangelischen Kirche aus dem Jahr 2014[30] stellt einen zunehmenden Glaubensverlust fest. Fast ein Drittel der evangelischen Kirchenmitglieder habe weder Interesse an der Institution noch Berührung mit deren religiöser Praxis. Wer sich für einen Austritt aus der Kirche entschieden hat, führt folgende Hauptgründe dafür an: dass die kirchlichen Argumente nicht zugänglich seien oder dass man „Religion fürs Leben nicht braucht". Zwei Drittel der befragten evangelischen Menschen, die sich aktiv am kirchlichen Leben beteiligen und an Gott glauben, „sprechen sich gegen eine wortwörtliche Auslegung der Bibel aus". Sie bejahen die Erkenntnisse der modernen Naturwissenschaften und die Abkehr vom Sexualitätsverständnis biblischer Zeiten.

Doch der Glaube an Gott muss nicht unbedingt an eine religiöse Institution geknüpft sein. Manche Menschen stimmen nicht mit dem kirchlichen Weltbild überein, glauben aber dennoch an Gott. Dass etwa Teenager ihren gesuchten Sinn nicht mehr zwingend in einer Religion oder Kirche finden, geht aus der Sinus Jugendstudie 2016[31] hervor. Viele entwickeln stattdessen aus verschiedenen Quellen einen persönlichen Glauben. „Jugendliche haben ein Bedürfnis nach Sinnfindung, das sie jedoch häufig als religiöse Touristen befriedigen, mit einem individuell zusammengestellten Patchwork aus einer Vielzahl von religiösen, quasireligiösen oder spirituellen Angeboten“, so die Studie. Dennoch gehört nach wie vor die Mehrheit junger Menschen in Deutschland einer Glaubensgemeinschaft oder Kirche an.

Trotz all dieser unterschiedlichen Auffassungen stellt sich doch eine grundlegende Frage: Warum glaubt der Mensch eigentlich?

Warum glaubt der Mensch?

Der Glaube an Gott ist universal verbreitet, er findet sich in unterschiedlichsten Ausprägungen zu allen Zeiten, auf der ganzen Welt. Seit jeher glaubt der Mensch an eine transzendente Macht, an einen Gott oder Götter, einen Schöpfer allen Seins oder einen überirdischen Weltenlenker, der Antworten auf drängende existenzielle Fragen gibt. Seit der frühesten Menschheitsgeschichte geben die Religionen der Welt Antworten darauf. Und auch heute noch ist die überwiegende Mehrheit der Menschheit religiös.

Von den knapp sieben Milliarden Menschen der Weltbevölkerung gehörten im Jahr 2010 rund 88 Prozent einer Religionsgemeinschaft an, lediglich zwölf Prozent waren keiner Konfession zuzuordnen. Den größten Teil der Religionsgruppen stellten mit 33 Prozent die Christen dar, gefolgt von Muslimen (23 Prozent), Hindus (14 Prozent) und Buddhisten (sieben Prozent)[32]. Hinzu kommen zahlreiche weitere Glaubensrichtungen, darunter auch vielfältige Naturreligionen indigener Völker.

Sicher hängt die Zugehörigkeit zu einer bestimmten Religion vor allem von unserer Herkunft ab, also davon, in welchen Kulturkreis wir hineingeboren wurden. Wir wachsen mit einer Religion auf, werden entsprechend erzogen und passen uns der Gesellschaft an, deren Werte wir übernehmen. Doch die weltweite, universelle Verbreitung von Religionen bis in die entlegensten Winkel der Erde zeigt die große Bedeutung des Glaubens an eine höhere Macht.

Um herauszufinden, wie und warum die Menschen an Gott glauben, führten der US-amerikanische Wissenschaftsjournalist Michael Shermer und der MIT-Sozialwissenschaftler Frank Sulloway 1998 eine Umfrage[33] unter 10.000 US-Amerikanern durch. 29 Prozent der Befragten sagen, dass die Schönheit, Perfektion und Komplexität der Welt nicht aus purem Zufall heraus entstanden sein könnten, sondern dass ein Schöpfer-Gott hinter der Entstehung des Universums stehen müsse. 21 Prozent glauben, weil sie selbst Gott im Alltag erfahren hätten oder „Gott in sich" spürten. Jeder Zehnte ist davon überzeugt, dass der Glaube dem Leben einen Sinn gebe. Weitere Gründe für den Glauben an Gott sind: „Weil es so in der Bibel steht" (zehn Prozent), „weil ich ein inneres Bedürfnis dazu habe, an etwas zu glauben" (acht Prozent) oder „weil ich zur Gottgläubigkeit erzogen wurde" (sieben Prozent).

Die Studie gibt zwar nur eine Momentaufnahme der Gesellschaft in den USA wieder, die zum größten Teil christlich geprägt ist. Interessant an den Ergebnissen ist aber, dass die Gläubigkeit zum

Teil auf gesellschaftlichen religiösen Traditionen beruht – Stichpunkte Erziehung und Bibel –, ein anderer Teil jedoch eher individueller Natur zu sein scheint: „inneres Bedürfnis nach Glauben“ oder „Gott in sich spüren“. Deswegen ist es auch wichtig, bei der Frage nach dem Glauben an Gott immer zwischen Religion und Religiosität zu unterscheiden.

Unter Religiosität[34] versteht man das individuelle Streben des Menschen nach Sinnfindung und spiritueller Erfahrung. Sie umfasst die intuitive, universale Empfindung oder Ahnung des Einzelnen, dass es etwas Göttliches, Transzendentes oder Überirdisches geben muss. Letztendlich war dieses dem Menschen innewohnende Phänomen der Religiosität die Ursache für die Entstehung von Religionen. Während sich Religiosität also auf das subjektive Empfinden des Einzelnen bezieht, beschreibt die Religion eine überlieferte religiöse Lehre, die von einer Institution – wie etwa im Christentum die Kirche – interpretiert und verbreitet wird.

Doch woher kommt diese Sehnsucht nach einer übergeordneten Kraft? Rein rational lässt sich weder die Existenz Gottes noch dessen Nicht-Existenz beweisen. Ist die universelle Verbreitung des Gottesgedankens vielleicht ein Hinweis darauf, dass es Gott wirklich gibt? Das intuitive Spüren einer höheren Wesenheit in uns selbst? Oder durch Meditation und Trance hervorgerufene Gipfelerlebnisse des Eins-Seins mit allem? Ist vielleicht auch die Komplexität des Lebens, der Welt und des Universums ein Hinweis darauf, dass es einen Gott als Schöpfer geben muss? Religionspsychologen, Hirnforscher und Evolutionsbiologen versuchen, den Ursachen des Gottesglaubens wissenschaftlich auf die Spur zu kommen. Gehen wir diesen Fragen nun etwas genauer auf den Grund.

Entstehung von Religiosität und Geschichte der Religionen

Die Entstehung von Religiosität geht bis in die früheste Menschheitsgeschichte zurück. Die Voraussetzungen dafür waren das Entstehen von abstraktem Denken und Sprache in der Evolution des Menschen. Schon in grauer Vorzeit suchte der Urzeit-Mensch nach Erklärungen für Geschehnisse, die er nicht begreifen konnte: Für Naturgewalten, Unwetter, Krankheit, für Sonne, Mond und Sterne, den Ursprung der Welt, für Leben und Tod.

Es scheint, als müsse der Mensch als denkendes und zur Reflexion fähiges Wesen die Frage nach dem Warum beantworten. Er sucht im harten Kampf ums Dasein nach Orientierung, Heilung und Sinn, nach Hoffnung, Trost und Geborgenheit. Die Vorstellung, er selbst und das Universum wären nur aus reinem Zufall heraus entstanden und nach dem Tod wäre seine Existenz ausgelöscht, wäre für ihn nicht zu ertragen. Der Mensch scheint Gott als Antwort zu brauchen, bei seinem Streben nach Sinnfindung, Welterklärung und Existenzorientierung.

So ist bei allen Kulturen der letzten 100.000 Jahre der Glaube an eine spirituelle Welt nachweisbar[35]. Aus den frühesten mystischen Ahnenkulten der Steinzeit und Vorstellungen von Geistern und Dämonen entwickelten sich im Laufe der Geschichte immer komplexere Religionen, vom Polytheismus – der Verehrung zahlreicher Götter – bis hin zum Monotheismus, dem Glauben an einen allumfassenden Gott.

Archäologische Funde wie Grabstellen aus der mittleren Altsteinzeit weisen auf erste Todes- und Jenseitsvorstellungen hin. Bereits der Cro-Magnon-Mensch, unser unmittelbarer Vorfahre, übte magische Praktiken aus und brachte erste religiös-spirituelle Symbole in Höhlenmalereien und Venusfiguren hervor. Das Frühstadium der Religionen war geprägt von der Verehrung von Natur, Tieren und Ahnen, von Geistern, Dämonen, Muttergöttinnen, Schutzgöttern sowie von Jagdzauber, Fruchtbarkeitsriten, Opferkulten und Bestattungsritualen.

Im Laufe der Zeit wurden die Religionen und Mythen immer weiter verfeinert, etwa von den Germanen, Etruskern und Kelten, die auch eine Megalithkultur mit gigantischen Kultstätten wie Stonehenge in England hervorbrachten. Ab 3000 vor Christus entwickelten sich dann die ägyptischen und babylonischen Priesterreligionen mit einer vielfältigen, komplexen Götterwelt. Ab 2400 vor Christus entstand in Babylon mit dem Gilgamesch-Epos der älteste überlieferte, schriftlich fixierte Mythos.

Ab 1200 vor Christus begann die jüdische Stammesreligion als Vorläufer des Judentums und die Veden bildeten in Indien die Keimzelle für den Hinduismus, bis Homer und Hesiod etwa 500 Jahre später die altgriechischen Götter beschrieben. Schließlich wurden die Grundsteine für weitere künftige Weltreligionen gelegt: Ein halbes Jahrtausend vor der Geburt Jesu wurde die Lehre des Buddha Siddhartha Gautama überliefert, ab 440 vor Christus die jüdische Tora aufgeschrieben. Mit Beginn unserer Zeitrechnung betrat Jesus Christus die Bühne der Weltreligionen und ab 650 Mohammed als Begründer des Islam.

Diese Vielfalt an Religionen, die die Menschheitsgeschichte seit ihren Anfängen bis heute selbst in den entlegensten Winkeln der Erde hervorgebracht hat, könnte zu folgender Annahme verleiten: Gibt es vielleicht ein allgemeingültiges Muster, ein universelles Prinzip, das der Religiosität des Menschen zugrunde liegt?

Evolutionspsychologische Vorteile des Glaubens

Die Evolutionspsychologie versucht diesem Phänomen rein rational auf den Grund zu gehen und beschäftigt sich insbesondere mit folgenden Fragen: Weshalb hat sich bisher in jeder menschlichen Kultur irgendeine Form von religiösem System entwickelt? Und welchen Vorteil brachte die Religiosität dem Menschen im Kampf ums Überleben?

Nach Meinung einiger Evolutionspsychologen ist der Glaube an etwas Höheres tief in der Natur des Menschen verankert. Da der Mensch immer nach Erklärungen sucht, braucht er die Vorstellung von Gott, um in der feindlichen Welt überleben zu können. Der Glauben an eine übergeordnete schützende Kraft ist Grundlage für ein unerlässliches Urvertrauen. Die Annahme: An einer völlig zufälligen und sinnlosen Welt würde er verzweifeln.

So zählen einige Evolutionspsychologen die Religiosität zur genetischen Grundausstattung des Menschen, die ihm klare Vorteile im Kampf ums Überleben bringt. Sobald unsere Vorfahren geistig dazu in der Lage waren, sich den eigenen Tod zu vergegenwärtigen, schufen sie sich eine unvergängliche spirituelle Wirklichkeit. Menschen, die sich von den Schrecken des Todes befreiten und sich von Gott, Göttern oder einem höheren Wesen beschützt fühlten, konnten eher überleben. Sie entwickelten eine Resilienz und Urvertrauen, das ihnen die nötige Kraft gab, die Last des Daseins mit all seinen Problemen und existenziellen Krisen besser zu bewältigen.

Laut dem US-amerikanischen Hirnforscher und Religionswissenschaftler Andrew Newberg hat der Glaube an eine höhere Macht unsere Vorfahren davor bewahrt, angesichts der eigenen Sterblichkeit in Depression zu versinken, wie er in seinem Buch „Der gedachte Gott“[36] darlegt. Der Gottesglaube reduziert die Angst, einem unabänderlichen Schicksal ausgeliefert zu sein, er spendet Trost, Zuversicht und Mut. „Furcht gebiert Götter“ stellte bereits der römische Philosoph Lukrez fest.

Der Molekularbiologe Dean Hamer sagt, Religion basiert auf kulturellen Traditionen, die gelernt werden müssen. Dagegen beruhen Religiosität und der Hang zur Spiritualität auf dem Instinkt. Deshalb muss die Religiosität angeboren und im Genom des Menschen verankert sein, so seine Schlussfolgerung im Buch „Das Gottes-Gen“[37].

Das heißt: Der Mensch glaubt von Natur aus, weil ihm seine Gene keine Wahl lassen. Eine der wichtigsten Aufgaben der „Gottes-Gene“ – deren Existenz natürlich nicht molekularbiologisch nachgewiesen werden kann – besteht darin, den Menschen mit Optimismus zu versorgen. Und auf diese Weise seine Überlebenschancen zu steigern, so die Annahme von Hamer.

Der angeborene Glaube an etwas Göttliches verschafft dem Menschen also Vorteile im Kampf ums Dasein – völlig unabhängig davon, ob es einen Gott wirklich gibt oder nicht.

Neurotheologie: Religiosität auf dem Prüfstand

Neben der Evolutionsbiologie beschäftigen sich auch andere Wissenschafts-Zweige mit dem Glauben an Gott. Die Neurotheologie ist ein Ansatz innerhalb der Neurowissenschaften, die religiöses oder transzendentes Empfinden mit den Methoden der Neurobiologie erforscht. Dabei geht es um subjektive mystische Erlebnisse wie persönliche Gotteserfahrungen durch Trance, Meditation, Gebet oder Nahtoderfahrungen, die sich in ozeanischen Gefühlen einer Verschmelzung mit allem, was ist, oder in einer universellen Liebe zeigen können.

Können diese mystischen Gotteserfahrungen nun als Beweis dafür dienen, dass es einen Gott gibt und wir unsterbliche Seelen besitzen? Für Menschen, die diese Erfahrungen gemacht haben, mag das sicher so sein. Auch der US-amerikanische Psychologe Abraham Maslow – der vor allem für seine Bedürfnispyramide bekannt geworden ist – denkt in diese Richtung. Er wertet mystische Erfahrungen – die er „Gipfelerlebnisse" nennt – als eindeutigen Beweis für eine höhere Realität, die unabhängig vom Menschen existiert[38].

Dagegen gibt es für die Naturwissenschaft natürlich keine unsterbliche Seele oder ein Bewusstsein, das losgelöst vom Materiellen besteht und den Tod überdauern kann. Vielmehr ist für sie allein das Gehirn Träger unseres Bewusstseins und unser Ich lediglich ein Produkt unseres Gehirns. Demnach wird die Wirklichkeit, die wir erleben, ausschließlich vom Gehirn erzeugt.

So geht der kanadische Psychologe und Neurotheologe Michael Persinger[39] davon aus, dass Spiritualität eine neurobiologische Basis hat, die in angeborenen Gehirnstrukturen besteht. Seine These: Religiosität ist ein reines Konstrukt des Gehirns, das die Evolution hervorgebracht hat. Um dieser Annahme auf den Grund zu gehen, hat der Hirnforscher spirituelle Zustände von Versuchspersonen im Labor wissenschaftlich untersucht.

Seit jeher gibt es Menschen, die intensive mystische Erlebnisse erfahren: seien es meditierende Buddhisten, Derwische des islamischen Sufismus oder christliche Mystiker des Mittelalters. Bei allen geht es um die Veränderung des Bewusstseins, um die Aufhebung des irdischen Selbst.

Mithilfe von Trance, Meditation oder Gebet gelangen diese Menschen in einen spirituellen Zustand, der von intensiven Erlebnissen gekennzeichnet ist. Sie berichten von Selbst-Transzendenz, Gotteserfahrung, einem Gefühl allumfassenden Glücks, des absoluten Eins-Seins mit einem großen Ganzen, von einem Verschmelzen mit dem Universum und von der Auflösung des normalen Zeitempfindens. In einem ozeanischen Gefühl erleben sie sich als Teil eines göttlichen Ganzen und erfahren tiefe Einsichten in die Gesetzmäßigkeiten des Kosmos.

Allerdings ist es unmöglich, diese Erfahrungen in Worte zu fassen oder intellektuell zu verstehen. Nach dem US-amerikanischen Psychologen William James sind mystische Erlebnisse gerade durch ihre Unaussprechlichkeit gekennzeichnet. Nur durch eigenes Erleben können diese Zustände vollständig erfasst werden.

Um die neurologischen Aktivitäten bei transzendenten Zuständen zu ergründen, hat der Hirnforscher und Religionswissenschaftler Andrew Newberg meditierende buddhistische Mönche und betende Franziskanernonnen in einem speziellen Kernspintomografen untersucht. Er stellte fest, dass im Moment der größten Versunkenheit oder während des Höhepunkts meditativer Erleuchtung die neuronale Aktivität im oberen hinteren Scheitellappen zurückging. In einem Bereich des Gehirns, das für das räumliche Orientierungsvermögen und für die Bewertung von Emotionen zuständig ist. Hier hatte er das Areal des Gehirns gefunden, in dem religiöse Vorstellungen entstehen. Damit stand für ihn fest, dass religiöse oder mystische Erlebnisse biologisch real und naturwissenschaftlich messbar sind. Sein Fazit: Gott ist nichts anderes als ein Produkt des Gehirns.

Der Neurotheologe Michael Persinger ging noch weiter. In seinen Versuchen wollte er mit elektromagnetischen Stimulierungen des Gehirns mystische Erlebnisse auf Knopfdruck erzeugen. Dabei setzte er seinen Versuchspersonen einen von ihm entwickelten Helm auf, der ein Magnetfeld erzeugte und den Schläfenlappen im Gehirn der Probanden stimulierte.

Persinger führte das Experiment mit etwa 1.000 Testpersonen durch und konnte nach eigenen Angaben bei 80 Prozent der Teilnehmer spirituelle Erfahrungen nachweisen. Das Erlebnisspektrum reichte von einem Zustand des Schwebens bis zur Wahrnehmung der Präsenz Gottes oder eines Schutzengels. Auch Atheisten beschrieben transzendente Erlebnisse, etwa eine Verbundenheit mit dem Universum.

Allerdings kam eine Überprüfung von Persingers Experimenten an der Universität von Uppsala in Schweden mit 43 Studenten zu anderen Ergebnissen[40].

Mit seinen Experimenten versuchte Persinger, die Vorstellung von Gott als reines Konstrukt des Gehirns zu beweisen. Demnach sind mystische Erlebnisse intensive emotionale Erlebnisse, die unterhalb des kortikalen Mantels im limbischen System – der entwicklungsgeschichtlich ältesten Hirnregion – verankert sind. Persinger glaubte, im Gehirn eine Art Gottes-Modul nachgewiesen zu haben, das sich sogar künstlich aktivieren lässt.

Kritiker halten es jedoch für eine mehr als gewagte These, daraus auf die Nicht-Existenz einer unsterblichen Seele oder Gottes zu schließen. Sie gehen eher davon aus, dass Persinger einige Schaltkreise im menschlichen Gehirn gefunden hat, die eben bei religiösen Erfahrungen aktiviert werden. Nicht mehr und nicht weniger.

Bei all diesen spannenden, aber nicht unumstrittenen Erkenntnissen, die Evolutionsbiologen, Neurotheologen und Religionspsychologen zusammengetragen haben, bleibt die Frage nach der Existenz Gottes nach wie vor offen.

Für die einen mögen die universelle Verbreitung des Glaubens seit dem Beginn der Menschheit, das eigene intuitive Empfinden einer höheren Seinsform oder Gipfelerlebnisse durch spirituelle Erfahrungen untrügliche Zeichen für die Existenz Gottes sein.

Für andere dagegen ist alles rein naturwissenschaftlich erklärbar. Sie sehen mögliche evolutionär entstandene Gottes-Gene und Gottes-Module im Gehirn lediglich als Instrumente, die dem Menschen im Kampf ums Dasein Vorteile brachten.

Die Entstehung des Universums: Göttliche Schöpfung oder Zufall?

Für viele Menschen ist die Entstehung des Universums und des Lebens sowie die Komplexität allen Seins ein untrüglicher Beweis dafür, dass es ein höheres Wesen geben muss. Ganz nach dem Motto der Benediktinerin und mittelalterlichen Mystikerin Hildegard von Bingen: „Gott kann nicht geschaut werden, sondern wird durch die Schöpfung erkannt."[41]

Trotz aller wissenschaftlichen Erkenntnisse sind die Geburt des Weltalls und des Lebens immer noch ein Mysterium. Am wahrscheinlichsten gilt heute aus Sicht der Naturwissenschaften die sogenannte „Big Bang Theory", nach der das Universum im Urknall entstand und der letztendlich die Welt, wie wir sie heute kennen, hervorgebracht hat. Doch war das alles wirklich Zufall? Das Ergebnis eines Milliarden von Jahren dauernden Zusammenspiels von Naturgesetzen und kosmischen Ereignissen? Oder ist Gott der Auslöser des Urknalls und der Schöpfer des Weltalls? Hat er die Naturgesetze geschaffen, gestaltend in die Entwicklung des Universums eingegriffen und den Zufall in die richtigen Bahnen gelenkt?

Schauen wir uns die Theorie genauer an. Wissenschaftliche Erkenntnisse aus Messungen des Weltraumteleskops Hubble können die Geburt des Universums heute genau datieren. Demnach entstand das All vor 13 Milliarden Jahren im Urknall[42] und es dehnt sich seitdem immer weiter aus. Die Urknall-Theorie wurde 1931 von dem jungen Priester und Astronomen Georges Lemaître aus Belgien veröffentlicht und im Laufe der Jahre immer mehr verfeinert.

Am Anfang stand die Explosion einer winzigen Kugel, kleiner als ein Atomkern, die die komprimierte Energie des gesamten Kosmos enthielt. In Bruchteilen einer Sekunde dehnte sich das Weltall mit Überlichtgeschwindigkeit auf astronomische Größe aus. In der kosmischen Hintergrundstrahlung, eine Art nachhallendes Echo des Urknalls, ist die Geburt des Universums immer noch zu hören. Der „Big Bang"[43] schuf Raum, Zeit und Materie und setzte eine Entwicklung in Gang, die im Laufe von Äonen Galaxien, Sonnen, Planeten und letztendlich auch den Menschen hervorbringen sollte.

Einige Millionen Jahre nach dem „Big Bang" bildeten sich die ersten Sterne und schleuderten nach ihrem Tod chemische Elemente wie Kohlenstoff ins Universum, ohne die es heute kein Leben geben würde. Sterne wie unsere Sonne entstehen aus Molekülwolken von Gas und Staub, in einem physikalischen Wechselspiel von Gravitations- und Magnetfeldern. Das Gas verdichtet sich, Temperatur und Masse steigen gewaltig an, bis nach komplizierten Vorgängen schließlich ein thermonuklearer Glutofen zündet und ein Stern geboren ist.

Doch auch ein Stern lebt nicht ewig: Am Ende seines Daseins kann eine Sonne den thermonuklearen Schmelzofen nicht mehr aufrechterhalten und der Gravitationskraft nichts mehr entgegensetzen. Der Stern fällt in sich zusammen, explodiert und schleudert seine Hülle ins All hinaus. Dies kann in Form einer verheerenden Explosion stattfinden, einer sogenannten Supernova.

Das Entstehen und Sterben von Sternen spielt eine wichtige Rolle bei der Entstehung der chemischen Elemente, die für das Entstehen von Leben auf unserer Erde unabdingbar waren. Diese Elemente waren nicht von Anfang an da, sondern sind erst im Laufe der Zeit durch die Geburt und den Tod von Sonnen hervorgebracht worden. Jede nachfolgende Sternengeneration entsteht aus der Materie, die von der Vorgängergeneration durch thermonukleare Prozesse produziert wurde. So entstehen aus leichten Elementen schwere.

Im Laufe seines Lebens verwandelt der Stern Wasserstoff in Helium, Helium in Kohlenstoff, und – wenn er massereich genug war – Kohlenstoff in Sauerstoff und Stickstoff bis hin zum Eisen. Damit die chemischen Elemente entstehen, die wir für das Leben auf unserer Erde brauchen, sind drei Sternengenerationen nötig.

Wie kam es nun zum Entstehen unseres Sonnensystems und der Erde? Nach der Geburt unserer Sonne waren noch Gas- und Staubteilchen übrig geblieben, aus denen durch komplizierte physikalische Prozesse die Planeten unseres Sonnensystems, darunter die Erde, entstanden.

Auf unserem Heimatplaneten reicherten sich chemische Verbindungen an, bildeten immer komplexere Moleküle, bis vor einigen Milliarden Jahren erste winzige Formen des Lebens aufkeimten, die sich im Laufe der Zeit durch Evolution weiterentwickelten und Amöben, Pflanzen, Tiere und schließlich den Menschen hervorbrachten.

So weit, so gut. Diese Entwicklung des Universums vom Urknall bis zur Entstehung des Menschen entspricht in groben Zügen dem aktuellen Stand der Wissenschaft. Hat die Forschung damit einen Schöpfergott widerlegt, der das alles erschaffen hat? Oder braucht es die Vorstellung von Gott als erste Ursache allen Seins, als demjenigen, der quasi auf den Knopf gedrückt hat und den Urknall erst ausgelöst hat?

Aufklärung, Wissenschaft und kirchliche Weltanschauung

Doch tauchen wir zunächst noch etwas in das Verhältnis von Naturwissenschaft und Religion[44] ein, insbesondere, was die kirchliche Weltanschauung betrifft. Wie bereits angesprochen wurde Gott ja ursprünglich als Erklärung für Vorgänge herangezogen, die der Mensch nicht verstehen konnte: die Entstehung der Welt, Krankheiten, Naturphänomene und vieles mehr.

Doch im Laufe der Zeit hat die Naturwissenschaft – insbesondere Medizin, Evolutions-, Urknall- und Relativitätstheorie sowie die Quantenphysik – immer mehr dieser einst unlösbaren Mysterien erklärbar gemacht und die Grenze des Wissens verschoben. Der Raum des Unerklärbaren, den man Gott zuschreiben konnte, ging immer mehr zurück.

Mit der Zeit wurde Gott so zum erklärenden Faktor für die rätselhaften Phänomene, die die Wissenschaftler gerade noch nicht gelöst hatten. Gott scheint, als eine Art Lückenbüßer, dort gebraucht zu werden, wo das physikalische Wissen an seine Grenzen stößt.

So beherrschte im Mittelalter das Christentum in Europa das Monopol auf die Sinnfindung und Weltdeutung. Die Kirche lehrte, dass nur das Befolgen der sakralen Gebote dem Leben einen Sinn geben könne. Der Blick war auf das ewige Leben nach dem Tod gerichtet. Mit der Aufklärung begannen zunächst die Philosophen und Wissenschaftler, die kirchengläubige Geisteshaltung kritisch zu hinterfragen und die Vernunft an die Stelle des Glaubens zu setzen. Der Mensch sollte sich wieder seines eigenen Verstandes bedienen und die Verantwortung für sein eigenes Leben selbst übernehmen.

Jahrhundertelang stand die katholische Kirche auf Kriegsfuß mit der Wissenschaft und lehnte Erkenntnisse, die nicht im Einklang mit der Bibel zu stehen schienen, als ketzerisch ab: vom heliozentrischen Weltbild über Darwins Evolutionslehre bis hin zur Urknall-Theorie. Der wissenschaftliche Fortschritt schien Wort und Wirken Gottes immer mehr aus dem Weltbild zu drängen.

Dieses Spannungsfeld brachte der deutsche Philosoph und Religionskritiker Ludwig Feuerbach in folgendem Zitat pointiert auf den Punkt: „Der Religion ist nur das Heilige wahr, der Philosophie nur das Wahre heilig.“[45] Noch extremer kritisierte Friedrich Nietzsche das Religiöse: „Glaube heißt, nicht wissen wollen, was wahr ist“, oder „Man sagt nicht ‚Nichts!‘, man sagt dafür ‚Jenseits‘ oder ‚Gott'“[46].

Schließlich lenkte die katholische Kirche im Laufe des 20. Jahrhunderts immer mehr ein. Wissenschaftliche Erkenntnisse erhielten den päpstlichen Segen und wurden als vereinbar mit dem christlichen Glauben erklärt. So wurde etwa der italienische Universalgelehrte Galileo Galilei 1992 offiziell vom Papst rehabilitiert, rund 400 Jahre nach dem Prozess gegen ihn. „Merkwürdigerweise zeigte sich Galilei als aufrichtig Glaubender weitsichtiger als seine theologischen Gegner“, erklärte Johannes Paul II. in einer Rede an der Päpstlichen Akademie der Wissenschaften[47].

Auch die 1931 veröffentlichte Urknall-Lehre erhielt den päpstlichen Segen. 1950 nahm Papst Pius XII. das Big-Bang-Modell als eine Bestätigung für die biblische Schöpfungsgeschichte. Alles deute darauf hin, dass das Universum in einer begrenzten Zeit einen machtvollen Anfang genommen habe. Nur ein allmächtiges Wesen sei in der Lage gewesen, eine solche Urexplosion zu zünden.

Außerdem bezeichnete der Papst die Evolution als validen wissenschaftlichen Ansatz bei der Entwicklung der Menschheit. Spätere Kirchenoberhäupter bekräftigten dies. So veröffentlichte eine Theologenkommission unter Kardinal Ratzinger 2004 eine Erklärung, nach der sowohl Darwins Evolutionslehre als auch die Urknalltheorie mit dem christlichen Glauben vereinbar seien.

2014 erklärte auch Papst Franziskus[48], dass die katholische Lehre und die wissenschaftliche Evolutionstheorie nicht in Konflikt miteinander stehen. Bei einem Termin an der Päpstlichen Akademie der Wissenschaften sagte das Kirchenoberhaupt, Evolution in der Natur sei kein Gegensatz zur Überzeugung von einer göttlichen Schöpfung. Der Urknall werde heute als Ursprung der Welt angesehen, und er „widerspricht der kreativen Intervention Gottes nicht, sondern setzt sie im Gegenteil voraus", so Papst Franziskus.

Umgekehrt hatten in der Geschichte auch einige bedeutende Naturwissenschaftler kein Problem damit, göttliches Wirken und die Naturwissenschaften als miteinander vereinbar zu empfinden: Kopernikus, Kepler, Galilei, Newton und Einstein waren gläubig.

In den folgenden Zitaten sprechen sich große Denker für die Existenz Gottes aus:

„Wenn Gott nicht existierte, so müsste man ihn erfinden; aber die ganze Natur ruft uns zu, dass er ist."[49]

Voltaire

„Es ist aber das Herz, das Gott spürt, und nicht die Vernunft. Das aber ist der Glaube: Gott im Herzen spüren und nicht in der Vernunft.“[50]

Blaise Pascal

„Falls der Mensch Gott nicht erkennt und nicht begreift, so hat er noch kein Recht daraus zu schließen, es gäbe keinen Gott. Die gesetzmäßige Folgerung daraus ist nur die, dass er noch nicht fähig ist, Gott zu erkennen und zu begreifen. Es gibt nur für den keinen Gott, der ihn nicht sucht. Suche ihn, und er wird sich dir offenbaren.“[51]

Leo Nikolajewitsch Graf Tolstoi

Nicht wenige Wissenschaftler glauben heute an einen Gott, der die Naturgesetze festgelegt und das Weltall angeschoben hat. Für sie kann es kein Zufall gewesen sein, dass aus vielen denkbaren Universen eines entstanden ist, dass die Bildung von Galaxien, Sternen und Planeten zulässt.

Die feine Abstimmung der Naturgesetze, die dazu nötig ist, verleitet zu der Annahme, dass dahinter ein Plan, ein Zweck stecken muss. Wären die Stärke der Gravitation, die Schwerkraft oder die Masse eines Protons nur geringfügig anders, so wäre das Weltall schon bald nach dem Urknall wieder in sich kollabiert.

Die Naturwissenschaft verdrängt Gott

Natürlich gibt es seit Mitte des 20. Jahrhunderts auch immer mehr Atheisten und Wissenschaftler, die Gott für überflüssig halten. Für sie ist das Universum lediglich Ergebnis einer glücklichen Kombination aus Zufall, naturgesetzlichen Vorgängen und günstigen Gelegenheiten. Zu den bekanntesten atheistischen Wissenschaftlern zählt der britische Physiker und Astrophysiker Stephen Hawking. Er war der Überzeugung: „Man kann nicht beweisen, dass Gott nicht existiert. Aber die Wissenschaft macht Gott überflüssig."[52]

Auf einer Kosmologietagung im Vatikan 1981 erklärte Hawking, das Weltall sei ein Phänomen, das einfach vorhanden sei und dementsprechend keines Schöpfergottes bedürfe. „Wenn das Universum einen Anfang hatte, können wir von der Annahme ausgehen, dass es durch einen Schöpfer geschaffen worden sei. Doch wenn das Universum wirklich völlig in sich selbst abgeschlossen ist, wenn es wirklich keine Grenze und keinen Rand hat, dann hätte es auch weder einen Anfang noch ein Ende; es würde einfach sein. Wo wäre dann noch Raum für einen Schöpfer?"[53], so Stephen Hawking.

Im September 2010 äußerte Hawking, dass auch für die Entstehung des Universums kein Gott notwendig gewesen sein muss. Das Universum könne sich selber aus dem Nichts erschaffen haben: „Weil es ein Gesetz wie das der Schwerkraft gibt, kann und wird sich ein Universum selber aus dem Nichts erschaffen ... Spontane Schöpfung ist der Grund, warum es statt des Nichts doch etwas gibt, warum das Universum existiert, warum wir existieren."[54]

In seinem letzten Buch „Kurze Antworten auf große Fragen" erklärte der 2018 verstorbene Wissenschaftler: „Es steht uns frei zu glauben, was wir wollen. Meiner Ansicht nach lautet die einfachste Erklärung, dass es keinen Gott gibt. Niemand hat das Universum geschaffen und niemand lenkt unsere Geschicke. Das führt zu einer weitreichenden Erkenntnis: Es gibt wahrscheinlich keinen Himmel und kein Leben nach dem Tod. Wir haben nur dieses Leben, um den großen Plan des Universums zu würdigen, und dafür bin ich außerordentlich dankbar."[55]

Gibt es ein Leben nach dem Tod? Ergebnisse der Nahtodforschung

Genauso wenig, wie die Naturwissenschaft die Existenz Gottes beweisen kann, ist sie in der Lage dazu, ein weiteres fundamentales Mysterium zu klären: den Tod – oder besser gesagt das, was danach passiert. Der Tod ist das einzig Sichere in unserem Leben, das schon vorgegeben ist und dem man nicht entrinnen kann. Doch was bedeutet das Sterben? Gibt es ein Leben nach dem Tod, eine unsterbliche Seele? Oder ist unsere Existenz, unser Bewusstsein nach dem Ableben für immer erloschen? So gut wie alle Religionen geben eine Antwort auf diese Fragen und haben Jenseitsvorstellungen, in denen das Leben nach dem Tod in irgendeiner Form weitergeht.

Doch unter den Menschen hierzulande ist der Glaube daran unterschiedlich verbreitet. Nach einer repräsentativen Umfrage des EMNID-Instituts im Auftrag des evangelischen Monatsmagazins Chrismon[56], die im März 2016 veröffentlicht wurde, erwartet knapp die Hälfte (49 Prozent) der Menschen in Deutschland über 60 Jahren, dass nach dem Tod „nichts mehr kommt". Dagegen teilt nur ein Drittel (33 Prozent) der Befragten im Alter von 14 bis 29 Jahren diese Einschätzung.

Hier lohnt ein Blick auf die Nahtodforschung, die interessante Einsichten zutage gefördert hat. Dabei untersuchen Wissenschaftler die tiefgreifenden Erfahrungen von Menschen, die in einer lebensbedrohlichen Situation an der Schwelle des Todes gestanden und überlebt haben. Welche Schlüsse daraus zu ziehen sind, bleibt uns jedoch selbst überlassen.

Dr. Raymond A. Moody gilt als Pionier auf diesem Gebiet und hat das Thema mit seinem 1975 veröffentlichten Buch „Leben nach dem Tod: Die Erforschung einer unerklärlichen Erfahrung“[57] einer breiten Öffentlichkeit zugänglich gemacht. Der US-amerikanische Psychiater und Philosoph war einer der ersten, der die Erlebnisse von Patienten, die klinisch tot waren und dann wiederbelebt wurden, systematisch und wissenschaftlich untersucht hat.

Der Zufall brachte Raymond A. Moody während seines Studiums in den 1970er-Jahren mit diesem spannenden Thema in Berührung. Der Medizinprofessor George Ritchie, der zunächst für klinisch tot erklärt wurde und dann wiederbelebt worden ist, hatte Moody berichtet, wie er sein eigenes Sterben und Zurückkehren erlebt hatte. Da fing Moody an, sich stärker dafür zu interessieren und stellte fest, dass damals noch keine entsprechenden Forschungsarbeiten vorlagen.

So betrat er selbst das wissenschaftliche Neuland der Thanatologie und begann, Nahtod-Berichte systematisch zu untersuchen. Während seiner fünfjährigen Untersuchung ist es ihm gelungen, rund 150 solcher Fälle ausfindig zu machen. Menschen, die klinisch tot gewesen waren, dann aber doch weiterlebten und von ihrer Erfahrung jenseits der Grenze berichten konnten. Die Ergebnisse seiner Forschungsarbeiten publizierte er 1975 unter dem Originaltitel „Life After Life“. Moody stellte fest, dass zahlreiche betroffene Menschen an der Schwelle des Todes die gleichen oder ähnliche Erlebnisse hatten. Und ein vorherrschendes Muster kristallisierte sich heraus.

Insgesamt hat Moody bei der Analyse der zahlreichen Nahtoderlebnisse die häufigsten Gemeinsamkeiten herausgearbeitet und dabei folgende 15 Hauptmerkmale[58] identifiziert:

1. Alle Befragten haben übereinstimmend ausgesagt, dass sich ihre Erlebnisse nicht mit menschlichen Worten beschreiben lassen. Vor allem die bedingungslose Liebe, der sie begegnet sind, lässt sich nicht in Worte fassen.

2. Der klinisch Tote oder der im Koma liegende Patient kann hören, wie er von anderen Menschen für tot erklärt wird und ist darüber sehr erstaunt.

3. Die Betroffenen werden von einem Gefühl des Friedens und der Ruhe durchflutet, sobald sie sich mit dieser Situation, dem Tod, abgefunden haben.

4. Der klinisch Tote nimmt im Inneren ein zum Teil unangenehmes Geräusch war, das als Gong, Läuten oder Brummen beschrieben wird.

5. Der Betroffene erlebt, dass er seinen Körper verlässt, sich plötzlich außerhalb seines Leibes befindet, seine Umgebung wahrnimmt und sich selbst aus einer anderen Perspektive sehen kann. Langsam gewöhnen sich die Menschen an den neuen Zustand und erkennen, dass sie weiterhin eine Art „Körper“ besitzen, der sich jedoch vom bisher vertrauten physischen Körper unterscheidet. Sie sehen auch Menschen, die sich um sie bemühen, etwa Ärzte oder Krankenschwestern. Dabei sind die Betroffenen nicht in der Lage, mit den anderen Kontakt aufzunehmen.

6. Die betroffenen Menschen berichten davon, dass sie sich einige Zeit später in einem hohen Tempo durch einen langen, engen und dunklen Tunnel bewegen.

7. Bereits in diesem Tunnel kommt es vor, dass andere Wesen erscheinen, auf sie zukommen und sie freundlich begrüßen. Seien es bereits verstorbene Verwandte und Freunde oder unbekannte Menschen, die als Führer dienen.

8. Am Ende des Tunnels sehen sie ein sehr helles, strahlendes, kristallklares und goldenes Licht, das nicht blendet. Dieses Licht ist intensiver als alles, was sich der menschliche Geist vorstellen kann. Zudem vermittelt es ein unbeschreiblich starkes Gefühl allumfassender und bedingungsloser Liebe, der Freude und des Friedens. In dem strahlenden Licht wird ein Lichtwesen erkannt, das je nach Konfessionszugehörigkeit gelegentlich mit Christus oder anderen religiösen Figuren gleichgesetzt wird. Das Lichtwesen richtet ohne Worte eine Frage an den Sterbenden, die ihn zu einer Bewertung des eigenen Lebens führen soll.

9. Dann erleben die klinisch Toten ihr gesamtes irdisches Leben noch einmal bis in das kleinste Detail. Dieses Wiedererleben wird von einer inneren Stimme kommentiert.

10. Dann nähern sich die Betroffenen plötzlich einer Schranke, die die Scheidelinie zwischen Leben und Tod symbolisiert und die sie nicht überwinden können. Es ist für sie unmöglich, sich weiter dem Licht zu nähern oder in das Licht einzudringen. Diese Sperre zwingt sie zur Rückkehr in den Körper. Die meisten spüren einen inneren Widerstand dagegen, dass sie wieder zurückkehren müssen.

11. Zunächst wird die Rückkehr ins irdische Leben von den meisten als unangenehmer Zwang empfunden, als eine Rückkehr in die Schwere und Begrenztheit.

12. Nachdem der ins Leben zurückgekehrte Mensch wieder bei Bewusstsein ist, verspürt er den starken Wunsch, von seinem intensiven Erlebnis zu erzählen. Doch meist werden diese Berichte für eine Halluzination im Koma gehalten und die Betroffenen nicht ernst genommen. Sie haben das Gefühl, mit ihren neuen Erfahrungen allein zu sein.

13. Das Nahtoderlebnis hat meist auch Spätfolgen für die betroffenen Menschen. Sie werden reifer, leben bewusster, ruhiger und sensibler. Sie nehmen das Leben tiefer und erweitert wahr und setzen sich mehr mit großen philosophischen Grundfragen auseinander. Manche beginnen, sich für Philosophie und Religion zu interessieren, werden achtsamer und freuen sich auch zunehmend über die kleinen Dinge des Lebens. Einige werden hellsichtig, erkennen die Gedanken ihrer Mitmenschen und haben Vorahnungen.

14. Nach dem Erlebnis ist auch die Angst vor dem Tod verloren gegangen. Alle Betroffenen sind fest davon überzeugt, eine Generalprobe erlebt zu haben und wissen, dass es ein Leben nach dem Tod gibt. Auch Personen, die zuvor immer starke Angst vor dem Tod hatten, sind nun entspannt und furchtlos.

15. Ein interessanter Aspekt ist zudem, dass die Ereignisse, die die Betroffenen während des Nahtodzustandes in ihrer Umgebung wahrgenommen hatten – sei es am Unfallort, im Krankenzimmer oder im OP –, meist den Tatsachen entsprechen. Im Nachhinein wurden die Angaben in den Gesprächen mit den Beteiligten bestätigt.

Von Moody inspiriert haben sich immer mehr Wissenschaftler mit diesem Thema beschäftigt. Insbesondere der Psychiater Bruce Greyson, der Psychologe Kenneth Ring und der Kardiologe Michael Sabom haben dazu beigetragen, die akademische Forschung der Nahtoderfahrungen weiter voranzutreiben.

Kenneth Ring, Professor für Psychologie an der Universität von Connecticut, hat die Erkenntnisse aus seinen Forschungsarbeiten 1984 in dem Buch „Den Tod erfahren, das Leben gewinnen“[59] veröffentlicht. Darin beschreibt er auch zahlreiche Interviews mit Menschen, die über ihre Nahtoderfahrung gesprochen haben.

Zum Beispiel auch das Gespräch mit Joe Geraci, der 1977 einige Tage nach einer Operation starke Blutungen bekam und im Krankenhaus drei Minuten lang klinisch tot war. Hier ein Ausschnitt aus seinem Bericht: „Es war ein totales Eintauchen in Licht, Helligkeit, Wärme, Frieden, Sicherheit. Es ist schwierig, ja fast unmöglich, es mit Worten zu beschreiben. Es ist, als wäre man eins mit diesem Licht. Ich war Frieden, ich war Liebe. Ich war Helligkeit und sie war Teil von mir. Man weiß es einfach und alles ist ein Teil von einem selbst. Als wäre ich schon immer dort gewesen, als würde ich immer dort sein und als wäre mein Dasein auf der Erde nur ein kurzer Augenblick gewesen."

Ein anderer Mann berichtet davon, dass er als 14-Jähriger bei einem Autounfall fast ertrunken wäre: „Ich merkte, wie ich auf etwas zu schwebte, das aussah wie ein langer Lichttunnel. Aber es war nicht nur Licht, es war auch Energie und am Ende war es sehr hell ...Als ich die Lichtquelle erreichte, konnte ich hineinschauen. Ich sah eine unendlich große Welt voller Ruhe, Liebe, Energie und Schönheit ... Alles war Sein, alles Schönheit, alles Bedeutung der wahren Existenz. Es war die Energie des Universums, auf ewig versammelt an diesem grenzenlosen Ort."

Insbesondere bei der Begegnung mit dem Licht oder Lichtwesen sprechen die Betroffenen von einem unbeschreiblich schönen Gefühl absoluter Liebe, die manche mit Gottes Liebe zum Menschen und der Liebe der Menschen zu Gott beschreiben.

In einem weiteren Bericht eines Mannes heißt es: „Das Licht kommuniziert mit einem und zum ersten Mal im Leben spürt man wahre, reine Liebe. Es lässt sich nicht mit der Liebe einer Frau oder der Liebe zu seinen Kindern vergleichen, auch nicht mit den intensivsten sexuellen Erfahrungen, die mancher vielleicht als den schönsten Augenblick in seinem Leben betrachtet. All diese wunderbaren Gefühle zusammen lassen sich nicht mit diesem Gefühl wahrer Liebe vergleichen, die einem das strahlend weiße Licht entgegenbringt."

Interessant ist auch der Aspekt der häufig erfahrenen Rückschau auf das eigene Leben, die wie ein Film vor den Menschen abläuft, und dessen Bewertung. Hier einige Beispiele. Ein Mann, der Hank genannt wurde, erzählte: „Ich hatte das Gefühl, als sei jede Einzelheit, jede Kleinigkeit, die je in meinem Gehirn gespeichert worden war, augenblicklich präsent. Alles, was ich von Beginn meines Lebens an je gewusst hatte, wusste ich wieder. Ich besaß das totale, vollständige Wissen von allem, was je in meinem Leben geschehen war, hatte es klar vor Augen – selbst nebensächliche Dinge, die ich längst vergessen hatte ... Mir wurde bewusst, dass das Wichtigste im Leben die menschlichen Beziehungen sind, Liebe – und nicht das Materielle. Sehr wichtig ist, dass man Geduld hat mit anderen Menschen."

In einem anderen Bericht eines gewissen Harold heißt es: „Eine strahlende, weißgelbe, warme Lichtsäule ragte vor mir auf. Ich war jetzt von einem schimmernden, goldenen Kreis umgeben und ein ungeheureres Gefühl von Wärme und Liebe ergriff mich. Mein Bewusstsein oder meine Seele wurde davon eingehüllt ... Mein ganzes Leben lag offen vor dieser wunderbaren Erscheinung – Gott. Ich spürte tief in mir, dass er mir all die Dinge in meinem Leben vergab, derer ich mich schämte. Ich wurde gefragt – aber ohne Worte, durch direkte, mentale Kommunikation: ‚Was hast du getan, um der Menschheit zu helfen oder sie weiterzubringen?' Gleichzeitig sah ich mein ganzes Leben vor mir vorüberziehen und ich begriff, was zählte. Ich will hier nicht weiter darauf eingehen. Aber glauben Sie mir, ich wurde erlöst für etwas, das ich für unwichtig gehalten hatte. Und was mir wichtig vorgekommen war, bedeutete nichts."

Eine Frau namens Belle beschrieb ihre Rückschau folgendermaßen: „Man bekommt sein Leben vor Augen geführt – und man urteilt über sich selbst. Hatte man getan, was man hätte tun sollen? Von Belang sind die kleinen Dinge – ein Kind getröstet zu haben, das sich wehgetan hat, oder mit einem einsamen, alten Menschen freundlich geplaudert zu haben. Das sind die wichtigen Dinge. Es sind einem alle Sünden vergeben worden. Aber kann man sich selbst verzeihen, dass man etwas, das man hätte tun sollen, nicht getan hat? Und dass man manchmal kleine Gemeinheiten begangen hat? Kann man sich vergeben? Du selbst sprichst dein Urteil.“

Ein weiterer Mann, Darryl, erzählte: „Plötzlich zog mein Leben an mir vorbei. Dabei waren es vielmehr die Gefühle. Jedes einzelne Gefühl, das ich in meinem Leben je empfunden hatte und jetzt noch einmal spürte. Und mit meinen Augen sah ich, wie diese Emotionen mein Leben beeinflusst hatten. Womit ich das Leben anderer Menschen beeinflusst hatte. Und verglich es mit dem Gefühl reiner Liebe, die mich umgab. Und es war schrecklich, was ich getan hatte, wenn ich es an dieser Liebe messe. Wenn man so überlegt, wie wenig Liebe man anderen gegeben hat.“

Ob diese Forschungsergebnisse wirklich den Beweis für ein Leben nach dem Tod liefern können, darüber ist die Wissenschaftsgemeinde gespalten. Auf der einen Seite sehen Raymond A. Moody und andere Forscher auf diesem Gebiet die Nahtoderfahrungen als Beleg für ein Weiterleben der Seele nach dem Tod. Sie gehen davon aus, dass Bewusstsein auch unabhängig von Gehirn und Körper weiter existieren kann.

Diese These ist aus naturwissenschaftlicher Sicht jedoch keineswegs haltbar. Nach Ansicht der Neurowissenschaften etwa, wird das Bewusstsein allein vom Gehirn erzeugt. Deswegen ist eine Nahtoderfahrung lediglich ein Produkt eines Gehirns, das vorübergehend in wichtigen Funktionen gestört ist. So werden derartige Erlebnisse als Halluzinationen gedeutet, die in

Ausnahmesituationen hervorgerufen werden. Etwa durch vom Körper erzeugte Halluzinogene, psychotrope Substanzen oder körpereigene Botenstoffe. Andere Forscher führen diese Erfahrungen auch auf einen Sauerstoffmangel im Gehirn zurück.

Insofern muss auch beim Mysterium des Todes jeder Mensch für sich selbst entscheiden, welche Schlüsse er daraus zieht. Ob nach dem Sterben alles aus ist oder das Bewusstsein in irgendeiner Art weiterexistiert.

Existentialismus: Das Leben an sich hat keinen Sinn

Was nun, wenn wir wie der Physiker Stephen Hawking glauben, dass wir nur „eine etwas fortgeschrittene Brut von Affen auf einem kleinen Planeten sind, der um einen höchst durchschnittlichen Stern kreist“[60]? Wie geht man nun mit einer Welt um, in der es keinen Gott, kein Leben nach dem Tod gibt? Wo ist hier noch Platz für einen Sinn des Lebens? Auch darauf gibt es inspirierende Antworten. Insbesondere der Existentialismus hat sich intensiv damit beschäftigt.

Es gibt keinen Gott, kein Leben nach dem Tod und das Leben an sich hat keinen Sinn. Von dieser schwarzen Vorstellung geht der Existentialismus[61] aus, eine philosophische Strömung, die in den 1940er-Jahren in Frankreich ihren Ursprung hatte und die Sinnfrage in den Mittelpunkt stellt. Demnach ist der Mensch das einzige Lebewesen, das sich seiner Existenz bewusst ist und erkennt, dass es irgendwann sterben muss. Der Tod ist das Einzige, was schon vorgegeben ist, man kann ihm nicht entrinnen. Nur der Zeitpunkt des Todes ist offen.

Der Philosoph und Literatur-Nobelpreisträger Albert Camus ist davon überzeugt, dass dem Leid und dem Elend in der Welt kein

Sinn abzugewinnen sei. Im Zentrum seiner Philosophie steht das Absurde. Der Mensch fühlt, wie fremd ihm alles ist, er erkennt die Sinnlosigkeit der Welt und stürzt in tiefe existenzielle Krisen. Für Camus besteht das Absurde in der Erkenntnis, dass das menschliche Streben nach Sinn in einer sinnleeren Welt vergeblich sei. Da drängt sich die Frage auf: Warum leben, wenn doch ohnehin alles sinnlos ist? Wenn es keinen Sinn des Lebens gibt? Wäre Selbstmord nicht die einzige Lösung, sich aus der Absurdität zu befreien?

Diese Schlussfolgerung lehnt der im Privaten äußerst lebenslustige Albert Camus entschieden ab. Suizid würde bedeuten, dem Absurden zu erliegen. Nach Camus muss das Absurde nicht notwendigerweise der Bejahung des Lebens und dem Glück des Menschen widersprechen. Doch wie kann das sein? Und vor allem: Was sollen wir tun?

Der Mensch muss die Absurdität seiner Lage erkennen, akzeptieren und sich als ein freies Wesen annehmen, sagte Albert Camus. Die Lösung sieht er in dem aktiven, auf sich allein gestellten Menschen, der unabhängig von einem Gott selbstbestimmt ein Bewusstsein neuer Möglichkeiten entwickelt, um sein Schicksal selbst zu überwinden: durch Auflehnung, Widerspruch und innere Revolte. Trotz allem soll der Mensch aktiv handeln und immer weiter nach vorne streben.

Sinnbild des „absurden“ Menschen ist für Camus die griechische Sagengestalt Sisyphos. Für dessen Frevel gegen die Götter wird ihm in der Unterwelt eine perfide Strafe auferlegt: Auf ewig muss Sisyphos einen Felsblock einen Berg hinaufwälzen, der, fast am Gipfel angekommen, jedes Mal wieder ins Tal rollt. Eine sinnlose und schwere Arbeit ohne absehbares Ende.

Doch auch dieser Sinnlosigkeit kann Camus etwas Positives abgewinnen. Indem Sisyphos seine Strafe erträgt, annimmt, sich aber nicht von der Bürde der ewigen Qual erschüttern lässt, sondern die Götter verlacht, zeigt er die Größe des modernen Menschen, der sein absurdes Schicksal bewusst lebt.

Hier ein Zitat aus Albert Camus Buch
„Der Mythos des Sisyphos“:

„Darin besteht die verborgene Freude des Sisyphos. Sein Schicksal gehört ihm. Sein Fels ist seine Sache. (...) Der absurde Mensch sagt Ja, und seine Anstrengung hört nicht mehr auf. Wenn es ein persönliches Geschick gibt, dann gibt es kein übergeordnetes Schicksal (...)

Darüber hinaus weiß er sich als Herr seiner Tage. In diesem besonderen Augenblick, in dem der Mensch sich seinem Leben zuwendet, betrachtet Sisyphos, der zu seinem Stein zurückkehrt, die Reihe unzusammenhängender Handlungen, die sein Schicksal werden, als von ihm geschaffen, vereint unter dem Blick seiner Erinnerung und bald besiegelt durch den Tod (...)

Dieses Universum, das nun keinen Herrn mehr kennt, kommt ihm weder unfruchtbar noch wertlos vor. Jedes Gran dieses Steins, jedes mineralische Aufblitzen in diesem in Nacht gehüllten Berg ist eine Welt für sich. Der Kampf gegen Gipfel vermag ein Menschenherz auszufüllen. Wir müssen uns Sisyphos als einen glücklichen Menschen vorstellen.“[62]

Jedem Menschen ist es aufgegeben, frei zu wählen und zu entscheiden, was er mit seinem Leben tun will, ist eine der Kernaussagen des Existentialisten Jean-Paul Sartre. Er sagte: „Frei sein heißt, zum Freisein verurteilt sein.“[63] Was meint Sartre damit? Der Mensch ist zur Freiheit verurteilt, weil er sich nicht selber erschaffen hat. Doch wenn er erst einmal in die Welt geworfen ist, dann ist er für alles verantwortlich, was er tut.

Unsere Freiheit verdammt uns unser ganzes Leben lang dazu, uns entscheiden zu müssen. Auch wer glaubt, sich nicht entscheiden zu können oder endlos eine Entscheidung zu einem wichtigen Thema aufschiebt, hat seine Entscheidung bereits gefällt. Nämlich die, nichts zu verändern.

Die Freiheit des Menschen befiehlt uns, uns selbst zu definieren, etwas aus uns zu machen, eine authentische oder echte Existenz zu führen. Der Mensch sei nichts anderes als das, wozu er sich selbst macht, sagt Sartre. Aber diese totale Freiheit bedeutet für den Menschen auch, vollständig die Verantwortung für sich und sein Handeln zu tragen. Denn das eigene Leben könne durch keine andere, höhere Instanz wie einen Gott entschuldigt werden, so der Existentialist.

Obwohl Sartre und Camus behaupten, dass das Leben an sich keinen Sinn hat, sind sie keine Nihilisten, die sagen, dass nichts etwas bedeutet und alles erlaubt ist. Vielmehr müssen wir selbst den Sinn für unser eigenes Leben kreieren. Existieren heißt für sie, sein eigenes Leben zu schaffen.

Hier einige Schlüssel-Zitate von Jean-Paul Sartre:

„Es gibt keine Natur des Menschen, die den Menschen festlegt, sondern der Mensch ist das, wozu er sich macht."[64]

„Der Mensch ist nichts anderes als sein Entwurf; er existiert nur in dem Maße, als er sich entfaltet."

„Der Mensch ist voll und ganz verantwortlich" (für sich selbst).

So paradox es klingt: Letztendlich zeigt der Existentialismus auf, dass wir trotz der Sinnlosigkeit des Lebens an sich dennoch unserem eigenen Leben einen Sinn geben können.

Gott lässt sich nicht beweisen

Wie wir es auch drehen und wenden: Alles in allem wird die Frage nach Gott wohl immer eine Frage des Glaubens bleiben. „Über die Götter allerdings habe ich keine Möglichkeit zu wissen, weder, dass sie sind, noch, dass sie nicht sind"[65], sagte der griechische Philosoph Protagoras. Daran hat sich bis heute nichts geändert und wird sich vermutlich auch in Zukunft nichts ändern.

Wir werden zu Lebzeiten nie erfahren, ob Gott die Menschen geschaffen hat, oder ob die Menschen die Vorstellung von Gott nur selbst geschaffen haben. Alle Versuche, mithilfe der Vernunft die Existenz eines Gottes zu beweisen, schlugen bisher fehl. Trotzdem ist es hilfreich für die eigene Gewissensentscheidung, sich die wichtigsten Annahmen für die Existenz eines höheren Wesens noch einmal anzusehen.

Es muss Gott geben, weil ...

... wir uns etwas wie Gott vorstellen können;

... alles eine erste Ursache haben muss;

... jedes Volk von Anbeginn der Zeit an eine Form von Gott geglaubt hat.[66]

Oder folgende wichtige Argumente großer Denker:

„Gott ist das, wovon etwas Größeres nicht gedacht werden kann."[67]

Anselm von Canterbury

„Nichts wird von sich selbst verursacht. Jede Wirkung hat eine vorausgehende Ursache ... Diese muss durch eine erste Ursache beendet werden, die wir Gott nennen."[68]

Thomas von Aquin

Der römische Politiker und Philosoph Marcus Tullius Cicero schloss aus der Tatsache, dass es kein Volk ohne Religion gibt, auf die reale Existenz von Göttlichem: „Es gibt kein Volk, das so wild, und niemanden unter allen, der so roh wäre, dass er in seinem Geist nicht einen Gedanken an die Götter trüge ... sie glauben alle, dass es eine göttliche Kraft und Natur gibt ... die Übereinstimmung aller Völker in der ganzen Sache muss für ein Naturgesetz genommen werden."[69]

Die Pascalsche Wette: Im Zweifel doch lieber an Gott glauben

Die Wahrheit werden wir letztlich erst nach dem Tode erfahren. Nur dann werden wir wissen, ob das Bewusstsein und die Seele weiterexistieren, in welcher Form auch immer. Oder ob der Lichtschalter für immer ausgeknipst wird, wir in ewigen Schlaf fallen, wir kein Bewusstsein mehr haben und es ist, als hätten wir niemals existiert.

Während sich überzeugte Gläubige und überzeugte Atheisten bereits für ein bestimmtes Weltbild entschieden haben, so bleibt es für Agnostiker oder Zweifler schwierig, sich für eine Seite zu entscheiden. Dazu gab der französische Philosoph Blaise Pascal im 17. Jahrhundert einen interessanten Denkanstoß: die Pascalsche Wette[70]. Demnach ist es vernünftig, sicherheitshalber doch an Gott zu glauben – da dieser gegebenenfalls den Glauben belohnt und den Nichtglauben bestraft.

Dieser Antwort legt er eine logische Schlussfolgerung zugrunde. Angenommen, es sei sicher, dass es nur zwei Möglichkeiten gibt. Entweder Gott existiert oder er existiert nicht. „Für welche Seite werden wir uns entscheiden?“, fragte Pascal. Dieser Entscheidung oder Wette könne sich niemand in seinem Leben entziehen. Man muss sich klar für eine Seite entscheiden, wie bei dem Wurf einer Münze für Kopf oder Zahl. Es gibt nur diese zwei Optionen und nichts dazwischen.

Blaise Pascals Analyse der möglichen Optionen zur Gottesfrage kommt zu folgendem Ergebnis:

Man glaubt an Gott, und Gott existiert:

In diesem Fall wird man belohnt („Himmel" – man hat gewonnen).

Man glaubt an Gott, und Gott existiert nicht:

In diesem Fall gewinnt man nichts (verliert aber auch nichts).

Man glaubt nicht an Gott, und Gott existiert nicht:

In diesem Fall gewinnt man ebenfalls nichts (verliert aber auch nichts).

Man glaubt nicht an Gott, und Gott existiert:

In diesem Fall wird man bestraft („Hölle" – man hat verloren).

Aus dieser Analyse der Möglichkeiten folgerte Pascal, dass die Vernunft dafür spricht, bedingungslos an Gott zu glauben. Denn wenn es Gott wirklich gibt, gewinnt man alles – und wenn nicht, dann hat man auch nichts zu verlieren.

Die positive Kraft des Glaubens für die Gesundheit

Egal, ob es ein höheres Wesen gibt oder nicht – die Religiosität scheint sich auf jeden Fall positiv auf unsere Gesundheit auszuwirken. Zu diesem Ergebnis kommen jedenfalls zahlreiche

Studien. Das Fazit: Gläubige Menschen sind meist psychisch stabiler und gesünder als Nichtgläubige.

So stellte etwa der Psychologe David Larson vom US-amerikanischen National Institute for Healthcare Research fest, dass Menschen, die mystische Zustände erfahren, angeblich ein höheres Maß an psychischer Gesundheit aufweisen als die Bevölkerung insgesamt. Der Forscher hat alle zwischen 1978 und 1989 erschienenen Untersuchungen seines Instituts systematisch auf den Zusammenhang zwischen Glauben und psychischer Gesundheit ausgewertet und kommt zu folgendem Schluss: Religiosität wirkt sich in 84 Prozent der Fälle positiv, in 13 Prozent neutral und in drei Prozent abträglich auf die Gesundheit aus.[71]

Ähnliche Ergebnisse liefert auch eine Metaanalyse von Raphael Bonelli von der Duke University aus dem Jahr 2013[72]. Darin wurden alle Forschungsarbeiten zu Religiosität und psychischer Gesundheit analysiert, die seit 1990 weltweit in den meistzitierten psychiatrischen und neurologischen Fachzeitschriften erschienen sind.

Demnach zeigen 72 Prozent der Studien, dass die psychische Gesundheit mit dem Ausmaß, in dem sich ein Mensch religiös-spirituell engagiert, steigt. Die Hinweise auf eine Schutzfunktion durch Religiosität sind teils äußerst stark, allen voran bei Sucht, Depression und Suizid, so die Studie.

Der Glaube oder ein Gottvertrauen befähigen offenbar tatsächlich dazu, emotionale Belastungen und Stress besser zu bewältigen, den Herausforderungen des Lebens positiv gegenüberzustehen und das Immunsystem zu stärken.

Welche konkreten positiven Effekte der Glaube an Gott auf die Gesundheit haben kann, zeigt etwa das Beispiel der Anonymen Alkoholiker (AA)[73]. Süchte aller Art haben meist schwerwiegende Auswirkungen auf Körper, Geist und Seele und sind von den

Betroffenen allein oft nur schwer in den Griff zu kriegen. Die bekannte internationale Selbsthilfeorganisation AA ist 1935 in den Vereinigten Staaten mit dem Ziel entstanden, Alkoholikern zur Abstinenz und einem neuen Lebensstil zu verhelfen. Heute gibt es in über 180 Ländern mehr als 100.000 lokale Ableger.

Die ehrenamtlich organisierten Gruppen dienen der Selbsthilfe nach dem Motto „Alkoholiker helfen Alkoholikern". Sie treffen sich meist wöchentlich zu gemeinsamen Meetings, in denen die Teilnehmer frei über ihre Erfahrungen sprechen. Neue Mitglieder stellen sich zunächst vor und bekennen sich zu ihrer Sucht, wie es aus Filmen und Serien bekannt ist, in denen die AA hin und wieder auftauchen: „Ich heiße Bill, ich bin Alkoholiker." – „Hi, Bill!". Die Anonymität der Teilnehmer bleibt dabei stets gewahrt.

Meist stoßen die betroffenen Menschen erst dann zu den Anonymen Alkoholikern, wenn sie die Sucht in eine tiefe Lebenskrise gestürzt hat, die etwa durch Arbeitsplatzverlust, schwerwiegende familiäre Probleme oder Unfälle begleitet ist.

Neben dem Teilen von Erfahrung, Kraft und Hoffnung spielt bei den Anonymen Alkoholikern das Thema Spiritualität und Transzendenz eine entscheidende Rolle. Demnach kann der Einzelne die Krankheit des Alkoholismus nicht aus eigener Kraft, sondern nur mit Hilfe Gottes besiegen. Obwohl die Traditionen der AA im christlichen Protestantismus verwurzelt sind, sieht sich die Selbsthilfeorganisation als überkonfessionell und bezieht sich nicht auf eine bestimmte Religion. Es geht dabei vielmehr um eine bewusste Beziehung zu Gott, wie ihn jeder für sich selbst versteht. Um Atheisten und Agnostiker nicht abzuschrecken, wird auch von „einer Macht, die größer ist als man selbst" gesprochen.

Im Zentrum der Selbsthilfe steht das Zwölf-Schritte-Programm. Am Anfang erfolgt das eigene Bekenntnis zur Abhängigkeit. Man gibt zu, dass man sein tägliches Leben nicht mehr bewältigen kann, und erkennt an, dass man seinem eigenen Problem gegenüber machtlos ist. Man öffnet sich dem Glauben, dass nur Gott oder eine Macht, die größer als man selbst ist, die eigene geistige Gesundheit wiederherstellen kann. Dann fasst man den Entschluss, seinen Willen und sein Leben der Sorge Gottes, wie ihn jeder für sich versteht, anzuvertrauen. Es folgt eine gründliche und furchtlose Inventur mit der Offenheit, sein begangenes Fehlverhalten sich selbst und anderen Menschen gegenüber einzugestehen.

Hinzu kommt die Bereitschaft, Verhaltensweisen, die das Leben behindern, von Gott entfernen zu lassen sowie darum zu bitten, dass Gott sämtliche „chronische, das Leben behindernde Verhaltensweisen" beseitigt. Darüber hinaus soll durch „Gebet und Besinnung" versucht werden, eine tiefe bewusste Beziehung zu Gott, wie ihn jeder für sich selbst versteht, herzustellen und stetig zu verbessern.

Zweifelsohne haben sich die Anonymen Alkoholiker längst eine Reputation als erfolgreichstes Abstinenzprogramm weltweit erarbeitet. Nach Angaben des US-amerikanischen Psychologie-Professors James M. Nelson verlässt zwar etwa die Hälfte aller Neumitglieder die AA nach wenigen Treffen wieder. Zwei Drittel der restlichen Mitglieder bleiben jedoch dauerhaft abstinent.

Eine 2020 veröffentlichte Metastudie aus den USA („Cochrane-Review") hat sogar ergeben, dass das Zwölf-Schritte-Programm der Anonymen Alkoholiker und ihr System der Selbsthilfegruppen mehr Teilnehmern zu einer anhaltenden Abstinenz verhilft als jede andere Therapieform. Dabei wurden 27 Studien mit 10.500 Teilnehmern, die von gefährlichem Alkoholkonsum oder Alkoholabhängigkeit betroffen sind, untersucht und das Konzept der AA mit anderen psychologischen Therapien wie etwa der kognitiven Verhaltenstherapie verglichen.

Zu den Ergebnissen schrieb die Ärztezeitung in einem Artikel: „Bei vorschriftsmäßigem Vorgehen waren die AA anderen Interventionen im Hinblick auf eine komplette Abstinenz überlegen: Nach zwölf Monaten waren 42 Prozent gegenüber 35 Prozent der Teilnehmer trocken. Das entsprach einer signifikant um 21 Prozent erhöhten Chance auf Abstinenz. Auch nach 24 und 36 Monaten erzielten die AA-Gruppen unverändert höhere Abstinenzraten; die Zahl der alkoholfreien Tage war ebenfalls größer als mit den anderen Methoden", so die Ärztezeitung[74].

Nach dem Vorbild der Anonymen Alkoholiker gibt es übrigens auch zahlreiche weitere anonyme Selbsthilfegruppen für Menschen mit anderen Problemen: Von Nikotin-, Spiel-, Arbeits-, Sex-Süchtigen über Borderliner, Menschen mit zwanghaften Essstörungen wie Bulimie und Messies bis hin zu sexuell Zwanghaften oder Paaren mit einer gestörten Beziehung. Zusätzlich zu den Programmen für Betroffene gibt es auch vielfach Gruppen für deren Angehörige.

Das Beispiel der AA macht die positive Kraft mehr als deutlich, die der Glaube an eine höhere Macht freisetzen kann – egal, ob es sie wirklich gibt oder nicht.

Das Workbook: In neun Schritten zum eigenen Sinn des Lebens

Nun ist der erste Teil des Buches über den Sinn des Lebens an sich schon fast abgeschlossen. Wir haben uns intensiv mit den wichtigsten Aspekten rund um Gott und die Welt auseinandergesetzt und diese von unterschiedlichsten Seiten beleuchtet. Manches hattest du vielleicht schon gehört, aber noch einmal intensiv durchdenken können. Andere Aspekte waren neu, haben zum Nachdenken angeregt oder sogar neue Impulse für die eigene Weltsicht geliefert. Auf dieser Basis geht es nun von der Theorie zur Praxis.

„Es ist nicht genug zu wissen, man muss auch anwenden. Es ist nicht genug zu wollen, man muss auch tun.“[75] Entsprechend diesem Motto von Johann Wolfgang von Goethe folgt hier die erste praktische Aufgabe. Ab jetzt findest du in diesem Buch neben Kapiteln zu wichtigen Hintergründen, Impulsen und Ideen auch konkrete Übungen, die dich Schritt für Schritt deinem persönlichen Sinn des Lebens näherbringen werden. Um dir die Arbeit zu erleichtern, stehen alle angesprochenen Fragebögen zum kostenlosen Download exklusiv für dich als Leser dieses Buches bereit.

Unter folgendem Link kannst du dir das Workbook „In neun Schritten zum eigenen Sinn des Lebens“ herunterladen:

www.sinndeslebens24.de/workbook

Hier findest du insgesamt neun Übungen mit 28 Worksheets und Fragebögen, die du auf dem Ausdruck übersichtlich und bequem schriftlich beantworten kannst. Alternativ kannst du die Fragen auch direkt im PDF elektronisch beantworten und abspeichern. Den größten Nutzen ziehst du daraus, wenn du die einzelnen Übungen erst machst, nachdem du jeweils die vorbereitenden Kapitel im Buch und die entsprechenden Hinweise dazu gelesen hast. Am besten, du heftest dir das Workbook in einem eigenen Ordner ab. Achtung: Es ist wichtig, dass du zu einem späteren Zeitpunkt auf die ersten Übungen zurückgreifen kannst. Bitte hebe dir deshalb alle Worksheets auf.

Die Antworten in jedem Fragebogen sind wichtige Schritte auf dem Weg zu deinem ganz persönlichen Sinn des Lebens. So hast du alle Gedanken und Erkenntnisse deiner Selbstreflexion stets zur Hand. Auch später kann es motivierend sein und Kraft spenden, sich die eigenen wahren Lebenswünsche, Ziele und sinnstiftenden Werte noch einmal vor Augen zu führen. Sei es zur Inspiration oder als Orientierungshilfe für wichtige Entscheidungen.

Alles in allem ist dieses Workbook jedoch auch ein „lebendes Dokument", das sich stets weiterentwickeln kann. Denn je nach den aktuellen Lebensereignissen, Lebensphasen oder Veränderungen können sich zentrale Punkte verändern und Prioritäten verschieben. Das heißt, du solltest deine Wünsche, Werte und Ziele immer wieder hinterfragen, ergänzen und gegebenenfalls auch verändern.

Dazu kannst du dir jederzeit die entsprechenden Worksheets wieder ausdrucken und neu beantworten. Auch dafür solltest du die alten Worksheets behalten, um später deinen Entwicklungs- oder Veränderungsprozess nachvollziehen zu können. Zudem kann manchmal auch ein Blick auf ältere Fragebögen weitere Impulse liefern und Dinge in den Fokus rücken, die ursprünglich auf der Prioritätenliste eine eher untergeordnete Rolle gespielt hatten.

Die simple, aber effektive Technik zur Selbsterkenntnis besteht in diesem Workbook aus aktivierenden Fragen, Brainstorming und anschließender Bewertung. Eine Methode, die aus dem Projektmanagement stammt und auch in zahlreichen Workshops zu unterschiedlichsten Themen eine breite Anwendung findet.

Schritt eins ist meist ein Brainstorming („using the brain to storm a problem"), in dem durch Sammeln von spontanen Einfällen möglichst viele Antworten auf zielgerichtete Fragen gefunden werden sollen. Hier geht es um das direkte Aufschreiben von wirklich allen Punkten, die uns sofort in den Sinn kommen, so verrückt sie auch sein mögen – ohne sie zu hinterfragen, zu bewerten oder zu kritisieren.

Erst im zweiten Schritt werden die Antworten dann thematisch sortiert, bewertet und priorisiert – also nach Wichtigkeit geordnet –, um die besten Antworten und Lösungen herauszufinden. Dabei ist es wichtig, offen, ehrlich und unvoreingenommen all die Dinge aufzuschreiben, die uns spontan in den Sinn kommen. Machen wir uns völlig frei von den Erwartungen anderer oder der Gesellschaft. Es geht hier nur um uns selbst, um unseren wahren Wesenskern. Um die Fragen zu beantworten, solltest du für ein ungestörtes Umfeld sorgen, Ablenkungen vermeiden und dir bewusst dafür Zeit nehmen.

Übung 1: Was ist für dich der Sinn des Lebens an sich?

In der ersten Übung geht es darum, deine eigene Sichtweise zu Papier zu bringen: deine persönliche Einstellung dazu, welchen Sinn das Leben an sich für dich hat. Ziel ist es, für sich selbst mehr Klarheit zu schaffen und ein persönliches Resümee zum ersten Teil des Buches zu ziehen. Das ist eine wichtige Grundlage für den zweiten Teil des Buches.

Auch wenn deine Vorstellungen schon gefestigt sein sollten, kann der Akt des Aufschreibens noch einmal neue Energien freisetzen. Zum einen kann er deine bestehenden Einstellungen noch einmal untermauern und bekräftigen oder auch diese sogar infrage stellen. Zum anderen werden dich sicher manche Fragen zum Nachdenken anregen und dich vielleicht dazu herausfordern, gewisse Dinge neu zu bewerten. Es mag weitere Fragen geben, über die du dir bisher noch gar keine Gedanken gemacht haben. Jetzt bist du gefordert, dich damit auseinanderzusetzen und konkrete persönliche Antworten darauf zu finden.

Bei all den folgenden Fragen geht es um deine ganz persönliche Einstellung. Nicht darum, was andere von dir erwarten könnten, oder darum, gesellschaftliche Normen zu erfüllen. Sondern einzig und allein um deine ganz eigene Sicht der Dinge. Deswegen solltest du dich völlig frei von überlieferten Wertvorstellungen machen und allein auf dich selbst und deine Intuition hören.

Ein zentraler Faktor bei der ersten Übung ist, klar zwischen folgenden Aspekten zu unterscheiden: zwischen der Religion an sich, der Institution – die die Religion verkörpert – sowie der Religiosität, also unserer individuellen, intuitiven Einstellung zu Gott oder einer höheren, transzendenten Macht.

So kann es etwa sein, dass jemand der Institution Kirche ablehnend gegenübersteht, sich aber trotzdem den Grundwerten des christlichen Glaubens verpflichtet fühlt. Ein anderer mag sich in keiner Religion zu Hause fühlen, aber trotzdem an eine höhere Macht glauben. Das bedeutet, nur weil ich eine religiöse Institution ablehne, muss ich nicht automatisch ein ungläubiger Mensch sein und umgekehrt.

Sehr wichtig ist auch, nicht auf den Verstand zu setzen, sondern vor allem deiner Intuition, deiner inneren Stimme und deinem Bauchgefühl zu vertrauen. Denn wir erinnern uns, was Blaise Pascal dazu sagte: „Es ist aber das Herz, das Gott spürt, und nicht die Vernunft.“ Gleichzeitig solltest du völlig unvoreingenommen und spontan all die Dinge aufschreiben, die dir in den Sinn kommen. Je mehr Impulse, desto besser. Später kannst du alles immer noch bewerten, sortieren und bearbeiten.

Hier gibt es nun drei unterschiedliche Fragebögen zur Auswahl: für Menschen, die an Gott glauben, für Agnostiker – also Zweifler – sowie für Atheisten, die nicht an Gott glauben.

WORKSHEET 1:
Was ist für dich der Sinn des Lebens an sich?

Für Menschen, die an Gott glauben

1. Warum glaube ich an Gott? Was ist die Basis meines Glaubens?
2. Welche ganz persönliche Vorstellung habe ich von Gott? Was spüre ich in mir, wenn ich an Gott denke?
3. In welchen wichtigen Situationen in meinem Leben habe ich in mir die Kraft Gottes gespürt und dabei Hilfe und Unterstützung erfahren?
4. Welche positiven Auswirkungen hat der Glaube an Gott auf mein Leben? Inwiefern gibt er mir Kraft?
5. Was bedeutet der Glaube an Gott für meine Vorstellung vom Leben und meine Weltsicht?
6. Was bedeutet der Glaube an Gott konkret für mein eigenes Leben?
7. Was bedeutet ein Weiterleben nach dem Tod für mein Leben?
8. Was leitet sich daraus für meine zentrale Lebensaufgabe ab?

WORKSHEET 2:
Was ist für dich der Sinn des Lebens an sich?

Für Agnostiker

1. Warum zweifle ich daran, dass es ein höheres Wesen oder Gott gibt?
2. Was spricht für mich persönlich dafür, an Gott zu glauben?
3. Was spricht für mich gegen die Existenz einer höheren Macht?
4. Was sind die Gründe für den Zweifel? Wie könnte ich ihn besiegen?
5. Wenn ich den Verstand ausschalte und ganz auf meine Intuition höre: Was spüre ich, wenn ich an Gott denke?
6. Welche Auswirkungen hätte es auf mein Leben, wenn ich überhaupt nicht an Gott glauben würde?
7. Welche Auswirkungen hätte es auf mein Leben, wenn ich hundertprozentig an Gott glauben würde?
8. Was würde ein Weiterleben nach dem Tod für mein Leben bedeuten?
9. Was bedeutet meine Einstellung zu Gott und der Welt konkret für mein eigenes Leben?
10. Was leitet sich daraus für meine zentrale Lebensaufgabe ab?

WORKSHEET 3:
Was ist für dich der Sinn des Lebens an sich?

Für Atheisten

1. Warum bin ich davon überzeugt, dass es kein höheres Wesen oder Gott gibt?
2. Was könnte meine Einstellung ändern?
3. Wenn ich den Verstand ausschalte und ganz auf meine Intuition höre. Was spüre ich, wenn ich an Gott denke?
4. Welche Auswirkungen hätte es auf mein Leben, wenn ich an Gott glauben würde?
5. Was würde ein Weiterleben nach dem Tod für mein Leben bedeuten?
6. Was bedeutet mein Atheismus für meine Vorstellung vom Leben und meine Weltsicht?
7. Was bedeutet meine Einstellung zu Gott und der Welt konkret für mein eigenes Leben?
8. Woraus leite ich meine Wertvorstellungen ab?
9. Was leitet sich daraus für meine zentrale Lebensaufgabe ab?

Kapitel 2
Erkennen – welchen Sinn gebe ich meinem Leben?

Sein, was wir sind, und werden, was wir werden können

Unsere eigene Grundeinstellung zu Gott und der Welt beeinflusst natürlich, wie wir an den zweiten persönlichen und sehr konkreten Aspekt der Existenzfrage herangehen: Welchen Sinn gebe ich meinem Leben? In diesem Kapitel geht es um die persönliche Existenz jedes einzelnen Menschen und was er daraus macht. Dazu gehört, sich seiner selbst bewusst zu werden sowie Vertrauen in die eigenen Kräfte und Fähigkeiten zu entwickeln. Hier findest du konkrete Schritte, wie du dich selbst erkennen, dein Warum und deinen persönlichen Zweck der Existenz herausfinden und schließlich auch realisieren kannst.

Machen wir uns zunächst folgenden zentralen Aspekt bewusst, den der Schriftsteller und Literaturnobelpreisträger Hermann Hesse in diesem Zitat auf den Punkt brachte: „Wir verlangen, das Leben müsse einen Sinn haben – aber es hat nur ganz genauso viel Sinn, als wir selber ihm zu geben imstande sind." Die Verantwortung dafür liegt also ganz in unseren eigenen Händen. Genau darum geht es für jeden einzelnen Menschen. Welche Ziele und Bedeutung wir unserem Leben geben, ist höchst individuell.

Im Zentrum des persönlichen Lebenssinns kann die Befriedigung körperlicher, materieller, sozialer oder geistiger Bedürfnisse stehen. Das Streben nach materiellen Dingen, nach Macht, Besitz, Ansehen, nach erfüllter Partnerschaft und Familie. Oder nach altruistischen Motiven, wie anderen zu helfen oder die Welt zu verbessern. Bei den meisten Menschen dürften sich alle Aspekte wiederfinden, wobei jeder die einzelnen Punkte natürlich unterschiedlich gewichtet.

Eine weitere wichtige Ausprägung liegt in der Suche nach Erkenntnis, persönlicher Entwicklung und Selbstverwirklichung. Der niederländische Philosoph Baruch de Spinoza machte dies in folgendem Zitat deutlich: „Sein, was wir sind, und werden, was wir werden können, das ist das Ziel unseres Lebens.“[76]

Ein zentraler Aspekt für das Glück jedes einzelnen Menschen ist es sicherlich, eine möglichst erfüllende und sinnstiftende Lebensaufgabe zu finden: im Beruf, in der Familie, in der Freizeit oder in einer Mischung aus allem. Unsere Lebensaufgabe sollte idealerweise in Bereichen liegen, in denen wir unsere Stärken einsetzen können. Möglichst dort, wo wir unsere Talente entfalten und weiterentwickeln. Wo wir etwas tun, das uns liegt und Freude macht.

Wider den Selbstoptimierungs-Wahn: Alles mit Maß und Ziel

Bevor wir starten, sollten wir uns jedoch eine wichtige Sache bewusst machen. Dieses Streben nach Sinn, wahrer Erfüllung, Selbstverwirklichung und einer besseren Lebensqualität sollte ganz und gar nichts mit einem pathologischen Selbstoptimierungswahn zu tun haben, vor dem viele Experten zu Recht warnen. Gerade Social-Media-Plattformen wie Facebook, Instagram oder TikTok können diesem negativen Denken bei vielen Menschen Vorschub leisten.

Schädlich kann die Selbstoptimierung sein, wenn sie nicht aus innerem Antrieb heraus geschieht, sondern aus äußerem Druck. Wenn wir gewisse Eigenschaften an uns nur optimieren wollen, weil es gerade in Mode ist, weil es viele andere auch tun oder wir uns dem Herdentrieb folgend dazu verpflichtet fühlen. Weil wir die Erwartungen anderer erfüllen, ihnen damit gefallen oder ihnen etwas beweisen wollen. Wenn wir jemand anders sein möchten und uns mit überhöhten fremden Idealen vergleichen, denen wir nie gerecht werden können, so sehr wir uns auch anstrengen. Dann kann die Selbstoptimierung schnell zum sinnlosen Zwang werden und uns in ein Hamsterrad stürzen, in dem wir uns endlos abstrampeln, ohne jemals anzukommen.

Natürlich ist eine Verbesserung der Lebensqualität und Weiterentwicklung nicht ohne Anstrengung möglich, denn Wachstum geschieht nur außerhalb der Komfortzone. Der entscheidende Punkt ist jedoch dabei, stets authentisch zu bleiben und in Übereinstimmung mit dem ureigenen Wesen und Potenzial zu leben. Also das anzustreben, was wirklich zu uns passt. Alles stets mit Maß und Ziel zu tun und nicht zu übertreiben. Oder wie der griechische Philosoph Aristoteles sagte: „Der wahre Mensch wählt das Maß und entfernt sich von den Extremen, dem Zuviel und dem Zuwenig.“[77]

Die Bucket List: Dinge, die du unbedingt noch erleben möchtest

Tauchen wir nun mit einer ersten lockeren Übung in den praktischen Teil des zweiten Hauptkapitels „Erkennen: Welchen Sinn gebe ich meinem Leben?“ ein. Die Bucket List oder Löffelliste bietet eine gute Möglichkeit für eine spontane Bestandsaufnahme, um uns selbst besser kennenzulernen. Sie hilft uns, unser Unterbewusstsein zu öffnen und den Weg zu unseren

Sehnsüchten, Wünschen und Dingen, die uns Lebensfreude bereiten, freizulegen. Und einen ersten Blick hinter die Kulissen zu werfen, um auch die dahinterstehenden Motive zu entdecken.

Eine Bucket List[78] oder Löffelliste ist die Aufstellung von großen und kleinen Dingen, die man unbedingt noch erleben möchte, bevor man stirbt. Eine To-do-Liste des Lebens mit Wünschen, die uns wichtig sind, uns glücklich machen, erfüllen und die wir nicht missen möchten, wenn wir am Ende auf unser Leben zurückblicken.

Jeder Mensch hat Träume und Sehnsüchte, die jedoch im hektischen Alltag nur allzu oft untergehen. Das Aufschreiben dieser Ziele und Wünsche in einer Bucket List kann ungeahnte Energien freisetzen und uns auch wieder weitere wertvolle Hinweise für unseren Sinn des Lebens geben.

Gleichzeitig macht uns die Löffelliste auch die Endlichkeit unseres Daseins bewusst. Sie zeigt uns, dass wir unsere Wünsche nicht ewig auf morgen verschieben können. Denn am Ende des Lebens bereuen wir eher die Dinge, die wir nicht getan haben, als diejenigen, die wir getan haben.

Das hat Bronnie Ware in ihrem Bestseller „5 Dinge, die Sterbende am meisten bereuen“[79] herausgefunden. Als Palliativpflegerin hat sie Todkranke und Sterbende zu Hause auf ihrem letzten Weg begleitet. Dabei hörte sie oft das gleiche Bedauern der Menschen auf dem Sterbebett, nicht das Leben gelebt zu haben, das sie sich gewünscht hatten – und die Reue darüber, dass die Erkenntnis erst kam, als es bereits zu spät war. Eine Bucket List kann uns helfen, das zu verhindern.

Der Ausdruck „Bucket List“ kommt von der englischen Redewendung „to kick the bucket“ (wörtlich: „den Eimer wegtreten“), was umgangssprachlich „sterben“ bedeutet. Dementsprechend heißt eine Bucket List aufzustellen: in einer Liste aufzuschreiben, was man vor seinem Tod unbedingt noch tun möchte.

Für große Popularität sorgte der 2007 erschienene Film „The Bucket List“[80], der in Deutschland unter dem Titel „Das Beste kommt zum Schluss“ veröffentlicht wurde. In der deutschen Synchronisation wurde der zentrale Begriff „Bucket List“ mit „Löffelliste“ übersetzt – analog zur deutschen Redewendung „den Löffel abgeben“.

In der berührenden Tragikomödie geht es um zwei alte, grundverschiedene Männer, die an Krebs erkrankt sind und nur noch einige Monate zu leben haben. Nach anfänglichen Schwierigkeiten entschließen sich der ungläubige, amoralische Milliardär Edward Cole, brillant gespielt von Jack Nicholson, und der hochgebildete Automechaniker Carter Chambers – ebenfalls exzellent in Szene gesetzt von Morgan Freeman – schließlich dazu, gemeinsam die Punkte auf ihrer Löffelliste abzuarbeiten. Dadurch lösen sie auch grundlegende Konflikte in ihrem Leben und können am Ende Frieden mit sich selbst schließen. Durch diesen Film hat der Begriff Löffelliste Eingang in den deutschen Sprachgebrauch gefunden.

Übung 2:
In fünf Schritten zur perfekten Bucket List

Jede Bucket List ist sehr individuell und eine persönliche Reise ins innere Selbst. Der Prozess der Selbsterforschung ist ein Abenteuer, der die Dinge ans Licht bringen soll, die für uns ein erfülltes Leben ausmachen.

Der Macht des geschriebenen Wortes kommt dabei eine besondere Bedeutung zu. Studien haben bewiesen, dass Ziele mit einer deutlich höheren Wahrscheinlichkeit erreicht werden, wenn sie schriftlich fixiert werden. Warum?

Erstens schaffen wir mit dem schriftlichen Festhalten unserer Ziele eine gewisse Verbindlichkeit, da sie so sichtbar und präsent werden. Zweitens zwingt uns das Aufschreiben unserer Wünsche zu gedanklicher Klarheit und macht uns diese auch wirklich bewusst. Drittens stimulieren schriftlich festgelegte Ziele nachweislich auch deren Realisierung. Folgende fünf Schritte helfen dabei und geben Inspiration, der Liste der eigenen Lebensträume auf die Spur zu kommen.

WORKSHEET 4:
Brainstorming – Was du im Leben auf jeden Fall noch tun möchtest

An erster Stelle steht das Brainstorming, also ein spontanes ungefiltertes Aufschreiben aller Dinge, die uns sofort in den Sinn kommen. Dabei gibt es keine Beschränkungen, alles ist erlaubt. Es geht darum, die Tür zu unserem Unterbewusstsein zu öffnen und im Flow des Schreibens einfach alles zu Papier zu bringen, was vor unserem geistigen Auge auftaucht. Und zwar möglichst viel.

Hier zählt erst einmal Quantität statt Qualität. Also sei mutig, kreativ und hab keine Angst vor verrückten Ideen. Folge dem Motto „Think big, dream big, believe big and your results will be big“. Also leg los und schreib alles auf, was du auf deine Bucket List setzen möchtest.

WORKSHEET 5:
Weitere motivierende Fragen

Nun ist dieser erste kreative Schritt des Brainstormings abgeschlossen und die Bucket List bereits mit zahlreichen Ideen befüllt. Die Beantwortung der folgenden motivierenden Fragen kann dich nun im zweiten Schritt dabei unterstützen, weitere Lebensziele herauszufinden und weitere Punkte zu ergänzen. Nimm dir Zeit und versuche, wirklich jede einzelne Frage durchzugehen und ehrlich für dich zu beantworten.

1. Was möchte ich mindestens einmal im Leben gemacht haben? Was würde ich an meinem Lebensende am meisten bereuen, nicht getan zu haben?
2. Was würde ich wahnsinnig gerne tun, wozu mir bisher der Mut gefehlt hat?
3. Welche Erlebnisse der letzten zehn Jahre haben mich am glücklichsten gemacht?
4. Was war mein größter Kindheitstraum?
5. Was war mein größter Berufswunsch als Kind?
6. Welchen Beruf würde ich gerne ausüben, wenn alles möglich wäre?
7. Was wollte ich schon immer können? Was würde ich gerne noch lernen (Sportarten, Fremdsprachen, Meditation, Malen etc.)?
8. Gibt es etwas Besonderes, dass ich mit meiner Familie, meinem Partner oder meinen Freunden unbedingt tun möchten?

9. Mit welchen Menschen würde ich gerne wieder Kontakt aufnehmen?
10. Was sind Träume von wichtigen Menschen in meinem Leben, die ich ihnen unbedingt erfüllen möchte?
11. Würde ich gerne anderen Menschen helfen oder mich ehrenamtlich engagieren?
12. Angenommen, ich wüsste, dass ich in wenigen Wochen sterben werden. Wie würde ich die verbleibende Zeit verbringen?

In Ergänzung dazu kann es hilfreich sein, sich weitere Ideen von außen zu holen. Bucketlist.org etwa ist eine gute Plattform, auf der zahlreiche Menschen Einblick in ihre Löffel-liste gewähren.

Hier kannst du auch in einem eigenen Account deine Bucket-Liste anlegen, veröffentlichen und mit anderen teilen. Unter „Stories that inspire“ finden sich Tausende Geschichten, wie Menschen ihre unterschiedlichen Ziele erreicht haben. Aus diesen Success Stories lässt sich einiges lernen. Zudem kann man sich mit Menschen vernetzen, die die gleichen Wünsche realisieren möchten oder bereits verwirklicht haben.

Neue Ideen gibt es unter „Ideas“, wo die Bucket-List-Ziele nach Kategorien geordnet sind: Reisen, neue Fähigkeiten, Outdoor, Life Milestone, Do it yourself, Natur, Wandern, Entertainment, Sport, Liebe, Gesundheit und mehr.

Zu den beliebtesten und häufigsten Wünschen auf den Löffellisten zählen etwa: mit Delfinen schwimmen, eine Fremdsprache lernen, Fallschirmspringen, einen Road-Trip mit Freunden unternehmen, Blut spenden, ein Land auf jedem Kontinent besuchen, einen Marathon laufen, sich Hals über Kopf verlieben, in einem anderen Land leben und vieles mehr.

WORKSHEET 6:
Wünsche bewerten und priorisieren – Deine Top-25-Liste

Nun gilt es, Ordnung ins Chaos zu bringen und die zahlreichen Wünsche und Ideen aus den Worksheets 4 und 5 nach Wichtigkeit zu ordnen. Wähle aus deinen Stichpunkten die 25 wichtigsten To-dos aus und trage diese in eine Top-25-Liste ein, wobei Platz eins das allerwichtigste Ziel beschreibt. Auch wenn dir die Bewertung in dem einen oder anderen Fall schwerfällt, solltest du sie dennoch vornehmen. Vertraue einfach auf deine Intuition und dein Bauchgefühl. Zudem ist nichts in Stein gemeißelt, alles kann jederzeit wieder verändert werden.

WORKSHEET 7:
Die Punkte in Kategorien einteilen

Generell gibt es verschiedene hilfreiche Methoden, die Punkte auf der Löffelliste weiter zu sortieren: nach Themen, nach Wichtigkeit, nach großen und kleinen Zielen oder nach der geplanten zeitlichen Umsetzung. So verschafft man sich einen guten Überblick und Ausgangspunkt für die weiteren Schritte.

Für unsere Zwecke ist die Gliederung nach Themen und Kategorien sinnvoll. Ordne nun die Wünsche aus deiner Top-25-Liste den folgenden acht Kategorien zu. Dabei können manche Punkte auch in verschiedenen Kategorien auftauchen. Versuche, jede Kategorie mit mindestens drei und höchstens fünf Punkten zu füllen.

Sind alle Wünsche der Top-25-Liste aufgebraucht, dann ergänze gerne weitere wichtige Punkte aus den Worksheets 4 und 5. Am Ende ordnest du alle Ideen in jeder Rubrik wieder nach Wichtigkeit.

So liegt am Ende für jede der acht Kategorien eine eigene Top-5-Liste vor.

1. Übergeordnete Lebensziele
2. Beruf und Berufung
3. Zwischenmenschliche Beziehungen (Liebe, Beziehung, Familie und Freunde)
4. Gesundheit (auch Sport, Persönlichkeitsentwicklung und Work-Life-Balance)
5. Lernen und Weiterbildung
6. Reisen und Abenteuer
7. Kultur, Kreativität, Unterhaltung
8. Soziales Engagement

WORKSHEET 8:
Deine Top-10-Liste mit den dahinterstehenden Motiven

Trage nun in das folgende Worksheet deine zehn wichtigsten Wünsche in eine Top-10-Liste ein. Nimm dazu am besten als Grundlage deine Top-25-Liste aus Worksheet 6 zur Hand und gleiche sie mit den Ergebnissen aus Worksheet 7 ab. Dann wirst du feststellen, dass du im Laufe des bisherigen Prozesses mehr Klarheit über die wirklich wesentlichen Dinge für dich gewonnen hast.

Hier sollten jetzt nur noch die zehn allerwichtigsten Wünsche stehen, die eine zentrale Bedeutung für dein Leben haben. Also in erster Linie übergeordnete Lebensziele und die zentralen Punkte aus den Kategorien Beruf und Berufung, zwischenmenschliche Beziehungen, Gesundheit und anderen für dich wichtigen Kategorien.

Hast du alle zehn zentralen Wünsche ausgewählt, priorisiere diese in einer Top-10-Liste, in der der wichtigste Punkt auf Platz eins steht und der am wenigsten zentrale Wunsch auf Platz zehn.

Gehe dann im zweiten Schritt zum Anfang der Liste zurück und beantworte alle dazugehörenden Warum-Fragen. Hier beschreibst du die Hauptgründe dafür, warum dir ein bestimmtes Ziel so wichtig ist. Es geht nun darum, die hinter den Wünschen stehenden Motive und inneren Beweggründe zu beleuchten.

Was den Menschen antreibt: Die Maslowsche Bedürfnishierarchie

Nach dieser umfangreichen Übung widmen wir uns nun wieder etwas der Theorie. Für unsere persönliche Heldenreise auf der Suche nach dem Sinn des Lebens lohnt sich ein Blick auf die grundlegenden Bedürfnisse des Menschen und die dahinterstehende Motivation. Doch was ist es eigentlich, was den Menschen im Kern seines Wesens antreibt, was ihn danach drängt, nach vorne zu streben?

Eine Antwort darauf liefert die sogenannte Maslowsche Bedürfnishierarchie[81], die oft in Form einer Pyramide dargestellt wird. Die Erfüllung all dieser Bedürfnisse ist auch eine wichtige Quelle und Grundlage für unser Glück.

Nach Maslows Theorie müssen wir zunächst die wichtigsten, grundlegenden Bedürfnisse stillen, die unser Überleben sichern: atmen, trinken, essen und schlafen. Diese essenziellen Dinge bilden die Basis der Pyramide. Erst dann folgen Sicherheit und soziale Bedürfnisse wie Gemeinschaft, Freundschaft und Liebe. An der Spitze der Pyramide steht schließlich die Selbstverwirklichung: Sie hat zum Ziel, das eigene Wesen völlig zur Entfaltung zu bringen und die individuell gegebenen Möglichkeiten und Talente möglichst umfassend auszuschöpfen.

Schauen wir uns das alles noch genauer an. Maslow stellte fest, dass manche Bedürfnisse wichtiger sind als andere und gliederte diese hierarchisch in fünf Kategorien, die von den grundlegendsten körperlichen bis hin zu den am höchsten entwickelten menschlichen Bedürfnissen reichen. Die Annahme von Maslow: Erst wenn der Mensch eine Bedürfnisstufe gestillt hat, zieht es ihn zur nächsten Stufe weiter. Das heißt, nur solange ein Bedürfnis unbefriedigt ist, aktiviert und motiviert es unser

Handeln. Mit zunehmender Befriedigung des Bedürfnisses nimmt dessen motivierende Kraft ab.

Auf der untersten Stufe der Bedürfnispyramide stehen die physiologischen Triebe, die mächtigsten unter allen und für das Überleben unerlässlichen Bedürfnisse des Menschen: Atmung (saubere Luft), Trinken (sauberes Trinkwasser), Essen (gesunde Nahrung), Wärme (Kleidung) und Schlaf (Ruhe und Entspannung). Gleich darauf folgt das Bedürfnis nach Sicherheit: Unterkunft/Wohnung, Gesundheit, Schutz vor Gefahren, Ordnung (Gesetze, Rituale). Und schließlich kommen soziale Bedürfnisse hinzu: Freundeskreis, Partnerschaft, Liebe, Nächstenliebe, Sexualität, Fürsorge und Kommunikation. Diese drei untersten Stufen der Pyramide bezeichnet Maslow als die Existenz- oder Grundbedürfnisse.

Hat der Mensch seinen Grundbedarf befriedigt, so beginnt er nach Anerkennung zu streben. Diese Individual- oder Ich-Bedürfnisse unterteilt Maslow in zwei Bereiche. In dem inneren Bereich geht es dem Menschen um sein Selbstbild, um Selbstachtung und Selbstvertrauen, den eigenen Wunsch nach mentaler, körperlicher Stärke, Erfolg, Unabhängigkeit und Freiheit. Im äußeren Bereich dreht sich alles um die Anerkennung durch andere Menschen, um Ansehen, Prestige, Wertschätzung, Achtung und Wichtigkeit.

Wenn wir diese ersten vier Stufen der Bedürfnispyramide erklommen haben, werden wir laut Maslow eine neue innere Unruhe und Unzufriedenheit fühlen. Dann spüren wir den starken Drang nach Selbstverwirklichung. Der Mensch wünscht sich, sein eigenes Potenzial voll auszuschöpfen. Er strebt danach, das zu werden, was ihm aufgrund seiner Anlagen potenziell überhaupt möglich ist. Er möchte seine eigenen Ziele, Sehnsüchte und Wünsche verwirklichen und das eigene Wesen völlig zur Entfaltung zu bringen.

Was Selbstverwirklichung exakt für den einzelnen Menschen bedeutet, ist höchst unterschiedlich. Für die eine heißt es, eine gute Mutter zu sein, eine erfolgreiche Wissenschaftlerin, für den anderen, ein zuverlässiger Vater, guter Schriftsteller oder ein erfolgreicher Sportler zu werden.

Kurz vor seinem Tod hat Maslow sein Modell noch erweitert. Er setzte eine weitere Stufe an die Spitze der Pyramide über den bisherigen Spitzenreiter Selbstverwirklichung: die Transzendenz. Dahinter steht für ihn die Suche nach Gott, nach einer das individuelle Selbst überschreitenden Dimension oder nach etwas, das außerhalb des beobachtbaren Systems liegt.

Doch damit nicht genug. Maslow hat die Punkte in seinem Modell noch in weitere Teile gegliedert, nämlich in die sogenannten Mangel- sowie in die Wachstumsbedürfnisse.

Die untersten vier Kategorien der Pyramide – also die Grundbedürfnisse, Sicherheit, das Sozialbedürfnis sowie Wertschätzung und Anerkennung – fasst er als Defizit- oder Mangelbedürfnisse zusammen. Das bedeutet: Nur wenn wir einen Mangel haben, spüren wir das Bedürfnis, diesen zu beheben, und das motiviert uns zum Handeln. Wenn wir alles haben, dann spüren wir auch nichts. Kann ein Mensch diese Defizitbedürfnisse nicht befriedigen, dann kommt es zu physischen oder psychischen Störungen.

Das heißt: Wer nichts zu essen oder zu trinken hat, stirbt. Wer keine Sicherheit hat, leidet unter Angst. Wer keine sozialen Kontakte hat, bekommt emotionale Störungen. Und wer eine niedrige Selbstachtung hat, leidet unter Minderwertigkeitskomplexen. Damit Zufriedenheit im Leben entstehen kann, müssen diese Defizitbedürfnisse erfüllt sein. Erst dann treten die Wachstumsbedürfnisse in den Vordergrund.

Zu den Wachstums- oder unstillbaren Bedürfnisse zählt Maslow die Selbstverwirklichung und die Transzendenz. Diese Bedürfnisse unterscheiden den Menschen vom Tier und sind nicht zwingend für sein Überleben notwendig. Wenn diese erfüllt werden, dann führen sie zu einem über Zufriedenheit hinausgehenden Glück, zu Gelassenheit, innerem Reichtum und verstärkter Individualität.

Allerdings können diese Wachstumsbedürfnisse nie wirklich befriedigt werden. Denn nach Maslow beschäftigt sich nur ein geringer Prozentsatz der Weltbevölkerung intensiv mit der Selbstverwirklichung, er schätzt den Anteil auf etwa zwei Prozent. Schließlich ist der Großteil der Menschheit mit der Sicherung der Grundbedürfnisse beschäftigt.

Doch auch in den Wohlstandsgesellschaften ist das wahre Glück nicht leicht zu finden. Die meisten Menschen haben hier zwar ihre materiellen Grundbedürfnisse gedeckt. Doch viele leiden an unterschiedlichsten psychologischen Problemen – meist in Verbindung mit Defiziten in den Bereichen Liebe, Anerkennung und Selbstachtung.

Hier noch ein wichtiger Hinweis. Maslow hat sein Modell der Bedürfnishierarchie nicht selbst in Form einer Pyramide dargestellt. Diese grafische Darstellung wird Werner Correll zugeschrieben. Zudem ist die Bedürfnishierarchie auch als dynamisches Modell gedacht, das nicht zu statisch gesehen werden sollte. Das heißt, eine Bedürfniskategorie muss nicht erst hundertprozentig befriedigt werden, bevor die nächste Kategorie motivierend wirken kann. Meist genügt bereits ein Befriedigungsgrad von 70 Prozent oder weniger, um die nächsthöhere Stufe in den Vordergrund treten zu lassen. Außerdem unterscheidet sich der individuell empfundene Sättigungsgrad eines Bedürfnisses stark von Mensch zu Mensch.

Umfrage:
Worin die Menschen in Deutschland den Sinn des Lebens sehen

Nach dem Einblick in diese spannende Theorie werfen wir nun einen Blick ins echte Leben, und zwar auf die konkreten Ziele, Werte und Bedürfnisse der Durchschnittsbürger. Was die Menschen in Deutschland wirklich über den Sinn des Lebens denken. Was sie antreibt, was ihnen wichtig ist und wonach sie streben.

Um das herauszufinden, hat das Allensbacher Institut eine Langzeitstudie durchgeführt und von 1974 bis 2002 Menschen in Deutschland regelmäßig zu folgendem Thema befragt: „Worin sehen Sie vor allem den Sinn Ihres Lebens?"[82]. Hier die wichtigsten Ergebnisse der Umfrage aus dem Jahr 2002 im Überblick, die in die drei Schwerpunkte privates Glück, Beziehung zur Gesellschaft und ethische Verpflichtung eingeteilt wurden.

Ergebnisse der Umfrage: Worin sehen Sie vor allem den Sinn Ihres Lebens?

Privates Glück

- Dass ich glücklich bin, viel Freude habe: 67 Prozent
- Dass meine Familie versorgt ist: 66 Prozent
- Das Leben genießen: 55 Prozent
- Im Leben etwas leisten, es zu etwas bringen: 53 Prozent
- Die Welt kennenlernen, etwas von der Welt sehen: 46 Prozent
- Dass ich es zu einem eigenen Haus bringe: 24 Prozent
- Dass ich viel Geld habe, reich werde: 13 Prozent

Beziehung zur Gesellschaft

- Dass ich Ansehen habe, beliebt bin: 52 Prozent
- Mithelfen, eine bessere Gesellschaft zu schaffen: 40 Prozent
- Mich mit allen Kräften für eine bestimmte Idee einsetzen: 22 Prozent
- Ganz für andere da zu sein, anderen helfen: 21 Prozent

Ethische Verpflichtung

- Dass ich vor mir selbst bestehen kann: 56 Prozent
- Tun, was mein Gewissen mir sagt: 47 Prozent
- Das tun, was Gott von mir erwartet: 17 Prozent

Demnach sahen 2002 also die meisten in Deutschland den höchsten Sinn des Lebens darin, glücklich zu sein und Freude zu haben. Das war nicht immer so. Die Werte der Menschen haben sich seit den frühen 70er-Jahren deutlich gewandelt. Wie aus der Langzeitstudie hervorgeht, hatten 1974 soziale, altruistische und religiöse Motive noch einen wesentlich höheren Stellenwert.

Damals legte die Mehrheit Wert auf Folgendes: „Tun, was mein Gewissen mir sagt", „Das tun, was Gott von mir erwartet" oder „Mithelfen, eine bessere Gesellschaft zu schaffen". Die Bedeutung dieser Werte hat bis 2002 deutlich abgenommen. Gleichzeitig gab es einen starken Trend in Richtung Hedonismus und Spaßgesellschaft. So stand 2002 das Streben nach möglichst viel Glück für 67 Prozent der Befragten im Vordergrund. 55 Prozent gaben an, sie wollten das Leben genießen.

Leider wurde diese Langzeitstudie nach 2002 nicht mehr weitergeführt. Allerdings gibt es aktuellere Umfragen, die in einem vergleichbaren Themenumfeld unterwegs sind. So stellte etwa die Allensbacher Markt- und Werbeträgeranalyse (AWA) in einer 2020 veröffentlichten Studie[83] folgende Frage: „Was halten Sie persönlich im Leben für besonders wichtig und erstrebenswert?". Dabei wurden Einwohner in Deutschland ab 14 Jahren befragt. Die drei Spitzenplätze belegten deutlich die Aspekte „Gute Freunde haben, enge Beziehungen zu anderen Menschen", „Für die Familie da zu sein und sich für sie einzusetzen" sowie „Eine glückliche Partnerschaft". Dagegen taucht das Thema „Spaß haben, das Leben genießen" erst auf dem sechsten Platz auf.

Auch Werte, die auf eine steile Karriere abzielen, finden sich erst auf den weiteren Rängen wieder: „Erfolg im Beruf" auf Platz neun, „Hohes Einkommen, materieller Wohlstand" auf Platz 14, „Sozialer Aufstieg" auf Platz 16 sowie „Viel leisten" auf Platz 17. Bemerkenswert ist, dass in dieser Umfrage die Punkte „Religion, feste Glaubensüberzeugung“ (Platz 18) und „Auseinandersetzung mit den Sinnfragen des Lebens“ (Platz 19) die Schlusslichter darstellen, kurz vor dem letzten Platz.

Die Umfragen zeigen, dass im Vergleich zu 2002 altruistische Werte heute wieder auf dem Vormarsch sind. Aber die Religion spielt dabei eine untergeordnete Rolle.

Authentizität: Sei die beste Version deiner selbst, nicht von jemand anderem

Umfragen wie diese sind sicher sehr hilfreich, um uns das große Bild zu zeigen, Trends zu erkennen und auch Anregungen zu finden. Der Schlüssel zu unserem persönlichen Sinn des Lebens liegt jedoch nicht in den Erwartungen anderer Menschen, sondern ausschließlich in uns selbst: In einer ehrlichen Selbsterkenntnis. Sie ist die Voraussetzung dafür, angesichts der Fülle der Möglichkeiten den richtigen Weg für uns und unseren Platz in der Welt zu finden.

Um uns selbst zu verwirklichen und unsere Potenziale zu entfalten, müssen wir zuerst einmal uns selbst erforschen, unsere wahren Wünsche und Stärken erkennen und vor allem das, was uns einzigartig macht. Erste Erkenntnisse dazu haben wir bereits in den ersten beiden Übungen und den dazugehörigen acht Worksheets erhalten.

Doch bei alldem kommt es vor allem darauf an, authentisch zu sein und zu bleiben. Nach dem US-amerikanischen Wissenschaftler James K. Harter[84] bedeutet Authentizität, sich gemäß seinem wahren Selbst – also seinen Werten, Gedanken, Emotionen, Überzeugungen und Bedürfnissen – auszudrücken und natürlich auch danach zu handeln.

Dazu gehört, sich nicht durch äußere Einflüsse wie etwa Gruppenzwang oder Manipulation bestimmen zu lassen. Letztendlich bedeutet das, seinen eigenen Weg zu gehen und sich unabhängig von den Meinungen anderer zu machen. Und vor allem auch, seine Entscheidungen aus eigenen Motiven zu treffen und nicht, um anderen zu gefallen.

Um authentisch zu sein, müssen laut den Sozialpsychologen Michael Kernis und Brian Goldman vier Kriterien erfüllt sein:

1. **Bewusstsein:** Ein authentischer Mensch kennt seine Stärken und Schwächen. Er ist sich seiner Gefühle und Motive für bestimmte Verhaltensweisen bewusst. Das setzt Selbsterkenntnis durch Selbst- und Fremdwahrnehmung sowie Selbstreflexion voraus.

2. **Ehrlichkeit:** Zur Authentizität gehört der ehrliche Blick auf die ungeschminkte Realität des eigenen Selbst. Dabei sind auch unangenehme Rückmeldungen zu akzeptieren.

3. **Konsequenz:** Ein authentischer Mensch handelt nach seinen Werten und Überzeugungen. Das gilt sowohl für die gesetzten Prioritäten als auch für den Fall, dass er sich dadurch Nachteile einhandelt.

4. **Aufrichtigkeit:** Hinzu kommt die Bereitschaft, sein wahres Selbst – mit seinen positiven und negativen Seiten – in sozialen Beziehungen offen zu zeigen und nicht zu verleugnen.[85]

Authentizität ist auch ein zentraler Punkt bei unserer Suche nach dem eigenen Sinn des Lebens. Das kommt in folgenden Zitaten zum Ausdruck. „Du selbst zu sein, in einer Welt, die dich ständig anders haben will, ist die größte Errungenschaft“, wie dem US-amerikanische Philosoph und Schriftsteller Ralph Waldo Emerson zugeschrieben wird. Und seine Landsfrau, Schauspielerin Judy Garland, soll gesagt haben: „Sei eine erstklassige Ausgabe deiner selbst, statt die zweitbeste Version von jemand anderem."

Übung 3: Selbsterkenntnis – zwischen Wunsch und Wirklichkeit

Nach diesen ersten Impulsen darüber, worin die Menschen ihren Sinn des Lebens sehen, was sie antreibt und wie wichtig Authentizität ist, kommen wir nun zu einer grundsätzlichen Einschätzung unseres Lebens zwischen Wunsch und Wirklichkeit.

Die folgenden aktivierenden Fragen helfen dabei, uns selbst besser kennenzulernen. Wer wir sind und wer wir sein möchten. Das Aufschreiben der Antworten gibt uns Klarheit auf dem Weg zur Selbsterkenntnis.

Auch hier ist es wichtig, frei, offen, ehrlich und unvoreingenommen all die Dinge zu Papier zu bringen, die uns spontan in den Sinn kommen. Es geht hier nur um uns selbst, um unseren wahren Wesenskern.

WORKSHEET 9:
Wer bist du? Wer möchtest du sein?

Hinweis: Beantworte im ersten Schritt zunächst alle Hauptfragen. Gehe dann im zweiten Schritt zum Anfang der Liste zurück und beantworte alle dazugehörenden Warum-Fragen.

1. Wer bin ich? Warum?
2. Wer möchte ich sein? Warum?
3. Warum bin ich jetzt nicht der, der ich sein möchte?
4. Welche Herausforderungen müsste ich meistern, um das zu erreichen?
5. Was und wer ist mir wichtig? Warum?
6. Was macht mich glücklich? Warum?
7. Wofür bin ich dankbar? Warum?
8. Was erfüllt mich? Warum?
9. Was möchte ich bewirken? Warum?
10. Was sind meine Schwächen?
11. Was sind meine Stärken?
12. Was würde ich tun, wenn Geld und Zeit keine Rolle spielen? Warum? (Diese zentrale Schlüssel-Frage am besten auf einem Extra-Blatt beantworten)

Die Antworten auf diese fundamentalen Fragen liefern eine generelle Bestandsaufnahme, wie wir unser Leben sehen und uns selbst einschätzen. Die zielgerichtete Beschäftigung mit uns selbst, das Nachdenken über die Fragen und das Aufschreiben der Antworten sorgen dafür, mehr Klarheit zu gewinnen.

Darüber, wie wir aktuell leben und wie wir vielleicht gerne leben würden.

Unsere Antworten auf die Warum-Fragen beleuchten die grundlegenden Werte und Motive, die dahinterstehen. Jeder Mensch besitzt ein ganz besonderes Potenzial, Talent oder eine Einzigartigkeit, die es zu entdecken und dann auch nach außen zu bringen gilt.

Status quo und Idealvorstellung in vier zentralen Lebensbereichen

Um unsere Sicht auf das eigene Leben noch mehr zu konkretisieren, ist es sinnvoll, die eben gestellten Fragen auch auf unsere wichtigsten Lebensbereiche herunterzubrechen. In manchen Fällen wird es Überschneidungen zu den bereits beantworteten Fragen geben, in anderen werden neue Erkenntnisse ans Licht gebracht. Folgende Übung wurde inspiriert von dem weitverbreiteten Coaching-Tool „Lebensrad“, das auf den US-Amerikaner Paul J. Meyer zurückgeht[86].

Die zentralen Bereiche in unserem Leben werden hier in Beruf, zwischenmenschliche Beziehungen, Freizeit und Gesundheit aufgeteilt. Du kannst diese Bereiche noch weiter verfeinern und je nach Bedeutung weitere hinzufügen, die für dich eine besondere Rolle spielen. Doch diese Gliederung gibt einen ersten guten Überblick.

Der Beruf ist häufig der Lebensbereich, für den wir am meisten Lebenszeit aufwenden. Mit der Arbeit verdienen wir den Lebensunterhalt für uns und unsere Familie. Er sichert unsere materielle Existenz und bewegt sich in unserer Einschätzung oft irgendwo zwischen den Polen notwendiges Übel und sinnstiftende und erfüllende Lebensaufgabe.

Von größter Bedeutung sind natürlich die zwischenmenschlichen Beziehungen, die eine Partnerschaft, die Familie, Verwandte und Freunde umfassen. Aber auch alle Kontakte im Arbeitsleben oder sonstige Interaktionen mit Menschen, mit denen wir zusammentreffen. Die zwischenmenschlichen Beziehungen sind letztendlich der entscheidende Faktor für unsere Lebensqualität.

Hinzu kommt die Freizeit, in der viele Menschen den wertvollsten Teil des Lebens sehen. Hier verbringen wir Zeit mit unseren Liebsten, Familie und Freunden, entspannen uns mit Unterhaltung vom Arbeitsalltag, gehen unseren Hobbys nach oder pflegen erfüllende Leidenschaften, die wir im Berufsleben nicht ausleben können.

Der Bereich Gesundheit umfasst alle Dinge, mit denen wir Körper, Geist und Seele unterstützen. Dazu zählen Bewegung, Sport, Ernährung, Entspannung und die Work-Life-Balance. Genauso wichtig wie die körperliche Gesundheit ist auch unsere psychische Stabilität. Oft nehmen wir die Gesundheit ganz selbstverständlich hin und halten sie erst für wertvoll, wenn sie verloren geht. Da sie eine wichtige Voraussetzung für alle anderen Lebensbereiche darstellt, sollten wir nicht vergessen, unseren Fokus ganz besonders darauf zu legen. Auch oder gerade, wenn uns das zurzeit nicht bewusst ist.

Natürlich gibt es zwischen diesen einzelnen Bereichen immer wieder Zielkonflikte, denn unsere begrenzte Ressource ist die Zeit. Der Tag hat nur 24 Stunden, von dem die Arbeit meist den größten Teil einnimmt, fünf Tage die Woche. Bleiben die Freizeit nach Feierabend, zwei Tage am Wochenende und vielleicht 20 bis 30 Tage Urlaub im Jahr. Je nach den aktuellen Umständen und Phasen in unserem Leben werden wir beim Verteilen unserer Zeitkontingente unterschiedliche Schwerpunkte setzen.

Bewertung: Vergib bei der jeweils ersten Frage nach deiner aktuellen Bewertung des jeweiligen Lebensbereiches und deinem angestrebten Ziel Noten auf einer Skala von eins (optimal) bis zehn (sehr schlecht).

Hinweis: Beantworte am besten auch hier im ersten Schritt alle Hauptfragen. Kehre dann im zweiten Schritt zum Anfang der Liste zurück, um alle Warum-Fragen zu beantworten.

WORKSHEET 10:
Beruf und Berufung

1. Meine aktuelle Bewertung (1–10): Mein Ziel: (1–10)
2. Wie sieht mein Status quo aus? Warum?
3. Was gefällt mir aktuell am besten? Wofür bin ich dankbar? Warum?
4. Was waren bisher meine allergrößten Erfolge?
5. Was gefällt mir aktuell überhaupt nicht? Warum?
6. Was ist meine Wunschvorstellung, meine Vision? Warum?
7. Was hält mich bisher davon ab?
8. Was müsste ich tun, um meine Wunschvorstellung zu erreichen?
9. Welche persönlichen Stärken können mir dabei weiterhelfen?
10. Was würde sich in meinem Leben ändern, wenn ich meine Vision erreichen würde? Warum?

WORKSHEET 11:
Zwischenmenschliche Beziehungen

Bitte berücksichtige dabei am besten jeweils die Unterbereiche: Liebe, Partnerschaft, Familie, Verwandte und Freunde.

1. Meine aktuelle Bewertung (1–10): Mein Ziel: (1–10)
2. Wie sieht mein Status quo aus? Warum?
3. Was gefällt mir aktuell am besten? Wofür bin ich dankbar? Warum?
4. Was waren bisher meine schönsten Erlebnisse?
5. Was gefällt mir aktuell überhaupt nicht? Warum?
6. Was ist meine Wunschvorstellung, meine Vision? Warum?
7. Was hält mich bisher davon ab?
8. Was müsste ich tun, um meine Wunschvorstellung zu erreichen?
9. Welche persönlichen Stärken können mir dabei weiterhelfen?
10. Was würde sich in meinem Leben ändern, wenn ich meine Vision erreichen würde? Warum?

WORKSHEET 12:
Gesundheit

Bitte berücksichtige dabei folgende Punkte: Zustand körperlicher und psychischer Gesundheit, Sport/Bewegung, Persönlichkeitsentwicklung, Work-Life-Balance, Ernährung, Entspannung und Natur.

1. Meine aktuelle Bewertung (1–10): Mein Ziel: (1–10)
2. Wie sieht mein Status quo aus? Warum?
3. Was gefällt mir aktuell am besten? Wofür bin ich dankbar? Warum?
4. Was waren bisher meine allergrößten Erfolge?
5. Was gefällt mir aktuell überhaupt nicht? Warum?
6. Was ist meine Wunschvorstellung, meine Vision? Warum?
7. Was hält mich bisher davon ab?
8. Was müsste ich tun, um meine Wunschvorstellung zu erreichen?
9. Welche persönlichen Stärken können mir dabei weiterhelfen?
10. Was würde sich in meinem Leben ändern, wenn ich meine Vision erreichen würde? Warum?

WORKSHEET 13:
Freizeit

Bitte berücksichtige dabei auch folgende Punkte: Hobbys, Sport, Kultur, Kreativität, Unterhaltung, Reisen, Abenteuer, Leidenschaften und Natur.

1. Meine aktuelle Bewertung (1–10): Mein Ziel: (1–10)
2. Wie sieht mein Status quo aus? Warum?
3. Was gefällt mir aktuell am besten? Wofür bin ich dankbar? Warum?
4. Was waren bisher meine allergrößten Erfolge?
5. Was gefällt mir aktuell überhaupt nicht? Warum?
6. Was ist meine Wunschvorstellung, meine Vision? Warum?
7. Was hält mich bisher davon ab?
8. Was müsste ich tun, um meine Wunschvorstellung zu erreichen?
9. Welche persönlichen Stärken können mir dabei weiterhelfen?
10. Was würde sich in meinem Leben ändern, wenn ich meine Vision erreichen würde? Warum?

Selbstverwirklichung: Werde der, der du bist!

Bei der Suche nach unserem ureigenen Sinn des Lebens spielt die Selbstverwirklichung[87] eine zentrale Rolle. Wie wir wissen, hat sie nach Abraham Maslow zum Ziel, das eigene Wesen völlig zur Entfaltung zu bringen. Und die individuell gegebenen Möglichkeiten und Talente möglichst umfassend auszuschöpfen.

Der Psychologe hat die Selbstverwirklichung an die Spitze seiner Bedürfnishierarchie gestellt – bevor er später noch die Transzendenz darüber setzte. Häufig wird das Thema Selbstverwirklichung allerdings mit ungezügeltem Egoismus, Narzissmus oder Hedonismus in Verbindung gebracht.

Doch das hatte Maslow dabei ganz und gar nicht im Sinn. Der US-amerikanische Psychologe strebte eine Psychologie seelischer Gesundheit an. Er wandte sich gegen das pessimistische Menschenbild, das Anfang des 20. Jahrhunderts den damals vorherrschenden psychologischen Schulen zugrunde lag. Allen voran die Psychoanalyse Sigmund Freuds und der Behaviorismus, die beide das Verhalten des Menschen animalistisch auf Triebe und Reflexe reduzierten.

Maslow dagegen war der Meinung, dass der Mensch in seiner Ganzheit nicht durch niedere Triebe gesteuert ist. Sondern vielmehr durch ein angeborenes Wachstumspotenzial angetrieben wird, um sein höchstes Ziel – die Selbstverwirklichung – zu erreichen.

Er war der Überzeugung, dass wir alle den starken Drang nach Selbstverwirklichung und Sinnerfüllung spüren. Der Mensch wünscht sich, sein eigenes Potenzial voll zu entfalten. Er oder sie möchte die eigenen Ziele, Sehnsüchte und Wünsche verwirklichen und strebt danach, das zu werden, was ihr oder ihm aufgrund der individuellen Anlagen überhaupt möglich ist.

In seinem Buch „Motivation und Persönlichkeit“ ergänzte Maslow[88] noch spezielle motivierende Bedürfnisse und Werte, die den Menschen bei dem Streben nach Selbstverwirklichung antreiben. Hier wird deutlich, welche wichtige Rolle ethische Werte und ein guter mitmenschlicher Umgang dabei spielen.

Wer sich selbst verwirklicht, benötigt Folgendes, um glücklich zu sein:

- Aufrichtigkeit statt Unaufrichtigkeit
- Güte statt Boshaftigkeit
- Schönheit statt Hässlichkeit oder Gemeinheit
- Einheit, Ganzheit und Transzendenz der Gegensätze und nicht Willkür oder erzwungene Entscheidungen
- Lebendigkeit, nicht Regungslosigkeit oder ein mechanisiertes Leben
- Einzigartigkeit, nicht die beruhigende Uniformität
- Perfektion und Notwendigkeit, nicht Nachlässigkeit, Unbeständigkeit oder Zufall
- Vollendung statt eines Zustandes des Unvollendeten
- Gerechtigkeit und Ordnung, nicht Ungerechtigkeit und Gesetzlosigkeit
- Einfachheit, keine unnötige Komplexität
- Reichhaltigkeit, keine Verarmung der Umgebung
- Mühelosigkeit, nicht Anstrengung
- Das Spielerische, keine grimmige, humorlose Plackerei
- Genügsamkeit, nicht Abhängigkeit
- Bedeutsamkeit statt Sinnlosigkeit

Merkmale von Menschen, die sich selbst verwirklichen

Um den Aspekten der Selbstverwirklichung noch genauer auf die Spur zu kommen, hat sich Maslow die Lebensgeschichten bekannter Persönlichkeiten angesehen. Menschen, die seiner Meinung nach ein hohes Maß an Selbstverwirklichung realisiert hatten, wie etwa Abraham Lincoln, Thomas Jefferson oder Albert Einstein. Aus der Analyse ihrer Biografien entwickelte er eine Liste von Qualitäten, die aus seiner Sicht für diese Menschen charakteristisch waren, nicht jedoch für die Masse der Bevölkerung.

Demnach besitzen Menschen, die sich selbst verwirklichen, stark ausgeprägte ethische Wertvorstellungen, sie verlassen sich auf die eigenen Erfahrungen und das eigene Urteilsvermögen. Sie sind lieber sie selbst, verstellen sich nicht und unterwerfen sich auch nicht dem gesellschaftlichen Druck. Sie legen großen Wert darauf, sich selbst und andere Menschen so zu akzeptieren, wie sie sind, statt sie nach ihren eigenen Vorstellungen ändern zu wollen.

Sie haben das zeitweise Bedürfnis nach Einsamkeit und fühlen sich auch alleine wohl. Gleichzeitig pflegen sie vertraute persönliche Beziehungen zu einigen engen Freunden und Familienmitgliedern, statt zahlreiche oberflächliche Bekanntschaften. Hinzu kommen ein Sinn für Demut und Respekt anderen gegenüber sowie ein Gemeinschaftsgefühl, gesellschaftliches Interesse, Mitgefühl und Menschlichkeit.

Zudem zeigen diese Personen Neugier und eine Aufgeschlossenheit, selbst alltägliche Dinge zu bestaunen, was mit Kreativität, Erfindungsreichtum und Originalität einhergeht. In den Schwierigkeiten des Lebens sehen sie Herausforderungen, die gemeistert werden müssen, anstatt unlösbare Probleme, die als persönliche Kränkung empfunden werden. Sie sind der Auffassung, dass der Zweck nicht die Mittel heiligt, dass die Mittel auch selbst Ziele sein können und dass der Weg oft bedeutsamer ist als das Ziel selbst.

Darüber hinaus stellt Maslow bei diesen Persönlichkeiten überdurchschnittlich viele Gipfelerlebnisse fest. Spirituelle Erfahrungen, bei denen sie sich als Teil der Unendlichkeit oder des Ewigen empfinden und sich eins fühlen mit der Natur oder mit Gott.

Tröstlich ist, dass auch die „Selbstverwirklicher" nicht perfekt sind und Schwächen besitzen. Die einen leiden unter realistischen Ängsten und Schuldgefühlen, andere sind zuweilen geistesabwesend. Manche zeigen wider Erwarten sogar ab und an Unbarmherzigkeit, Kälte und Humorlosigkeit.

Aristoteles: Glück durch Selbstentfaltung

Doch Selbstverwirklichung ist keine Erfindung der Neuzeit. Bereits in der Antike galt sie als hohes, erstrebenswertes Gut. Nach Aristoteles, einem der bedeutendsten Philosophen der Geschichte, liegt der Weg zum Glück auch darin. Er sagte[89], dass jedes Lebewesen, jeder Organismus und jedes Sein ursprünglich ein Ziel und einen Zweck in sich selbst trägt, der danach strebt, sich im ganzen Umkreis seiner Möglichkeiten zu verwirklichen. Wie der Keim dazu drängt, Pflanze zu werden – er muss es werden – , will er sich verwirklichen, so Aristoteles. Jedes Lebewesen trägt Zweck und Ziel in sich selbst und entfaltet sich seiner inneren Zielstrebigkeit gemäß.

Für Aristoteles strebt alles, was ist, danach, sich in der Fülle seiner Möglichkeiten, auf die hin es angelegt ist, zu verwirklichen. Die ganze Welt drängt zu ihrer eigensten Vollkommenheit. Die Natur selbst ist nichts anderes als dieser Drang, sie ist ein ungeheures Geschehen der Selbstverwirklichung und Selbstvervollkommnung.

Das gilt nach Aristoteles auch für den Menschen. Seine Bestimmung ist, dass er, was er vom Wesen her ist, so gut wie möglich verwirklicht und zur Vollendung bringt. Auch hier spielen ethische Werte eine bedeutende Rolle. Nach Aristoteles ist der Mensch aus dem Grunde seines Wesens heraus gut, und seine sittliche Aufgabe besteht darin, die ursprüngliche Güte seines Wesens zu verwirklichen. Der Sinn des menschlichen Daseins liegt darin, dass er die Vernunft ausbildet und zur Welterkenntnis findet.

In seinem Werk der Nikomachischen Ethik gibt Aristoteles einen Leitfaden[90] dafür, wie man seiner Meinung nach ein guter Mensch werden kann. Und ein Leben im Sinne der *Eudaimonia* führt – also der seelischen Glückseligkeit, die für ihn als höchstes Gut gilt. Für Aristoteles ist derjenige glückselig, der vor allem die von Natur aus in ihm liegenden Tugenden und Tüchtigkeiten innerhalb der Gemeinschaft und des Staates entfaltet. Beim Handeln kommt es der Vernunft zu, die Herrschaft auszuüben. Sittlich ist für Aristoteles nur ein Handeln, das sich nicht blindlings von den Leidenschaften leiten lässt, sondern durch Vernunft und Besonnenheit.

Arthur Schopenhauer: Was einer in sich ist und an sich selber hat

Auch der deutsche Philosoph Arthur Schopenhauer sieht in der Entfaltung des eigenen Potenzials und der Persönlichkeit eine zentrale Quelle des Lebensglücks. In seinem im 19. Jahrhundert veröffentlichten Werk „Aphorismen zur Lebensweisheit“ erklärte er, dass die Persönlichkeit und deren Wert – also „das, was einer in sich ist und an sich selber hat“ – das Allerwichtigste sei.

Weil die Persönlichkeit beständig und immer wirksam ist. Weil sie nicht wie die Güter dem Schicksal unterworfen ist und uns deshalb auch nicht wie diese entrissen werden kann. „Allein die Beschaffenheit des Bewusstseins ist das Bleibende und die Individualität wirkt fortdauernd, anhaltend in jedem Augenblick“[91], schrieb Arthur Schopenhauer.

Allerdings, so der Philosoph, wurde uns die Persönlichkeit jure divino, also durch göttliches Gesetz oder von Gott gegeben, in die Wiege gelegt und steht für das ganze Leben unveränderlich fest. Für Schopenhauer ist das Einzige, was in unserer Macht steht, dass wir die uns gegebene Persönlichkeit zum größtmöglichen Vorteil nutzen.

Deswegen sollten wir nur die unserer Persönlichkeit entsprechenden Bestrebungen verfolgen und uns um die Art von Ausbildung bemühen, die ihr angemessen ist – jede andere aber meiden. Das heißt, wir sollen den Stand, die Beschäftigung und die Lebensweise wählen, die zu unserer individuellen Persönlichkeit passt.

Folglich ist es aus der Sicht Schopenhauers für jeden Menschen weiser, auf den Erhalt seiner Gesundheit und auf die Ausbildung seiner Fähigkeiten hinzuarbeiten als auf materiellen Reichtum. Dabei sollte man natürlich nicht vernachlässigen, ein zum Leben nötiges und angemessenes Einkommen anzustreben.

Doch wie sollte man seine Kräfte sinnvoll zum eigenen Glück einsetzen? Man sollte seine Persönlichkeit und seine angeborenen Fähigkeiten und Stärken weiterentwickeln. Schopenhauer zitiert Aristoteles, dass das Glück eines Menschen in der ungehinderten Ausübung seiner hervorstechenden Fähigkeiten besteht: „Seine Trefflichkeit, welcher Art sie auch sei, ungehindert üben zu können, ist das eigentliche Glück."

Und er ergänzt Goethes Ausspruch im Werk „Wilhelm Meisters Lehrjahre": „Wer mit einem Talent zu einem Talent geboren ist, findet in demselben sein schönstes Dasein."[92] Daher ist für Schopenhauer eine Tätigkeit, etwas zu treiben, wenigstens etwas zu lernen, zum Glück unerlässlich. Denn die Kräfte des Menschen verlangen nach ihrem Gebrauch und er möchte den Erfolg irgendwie wahrnehmen.

Folgende Schlüsselzitate von Arthur Schopenhauer machen dies deutlich:

„Inzwischen treibe jeder etwas nach Maßgabe seiner Fähigkeiten. Sich zu mühen und mit Widerständen zu kämpfen ist dem Menschen Bedürfnis, wie dem Maulwurf das Graben. Der Stillstand wäre ihm unerträglich. Hindernisse überwinden ist der Vollgenuss des Daseins."[93]

„Die größte Befriedigung jedoch gewährt es, etwas zu machen, zu fertigen, sei es ein Korb, ein Buch. Aber dass man ein Werk unter seinen Händen täglich wachsen und endlich seine Vollendung erreichen sehe, beglückt unmittelbar. Dies leistet ein Kunstwerk, eine Schrift, ja selbst eine bloße Handarbeit. Je edlerer Art, desto höher der Genuss."[94]

Für Schopenhauer sind die Naturanlagen wie die Persönlichkeit sicher, die Schätze nicht. Das Schicksal kann sich ändern, die eigene Beschaffenheit nicht. Demnach sind die subjektiven Güter, wie ein edler Charakter, ein fähiger Kopf, ein glückliches Temperament, ein heiterer Sinn und ein völlig gesunder Leib die wichtigsten Dinge für unser Glück. Darauf sollten wir mehr achten als auf den Besitz von äußeren Gütern und Ehre.

Dagegen vermögen großer Reichtum und materieller Überfluss für Schopenhauer nur wenig zu unserem Glück beizutragen. Denn viele Reiche fühlen sich unglücklich, weil sie ohne irgendein objektives Interesse sind, das sie zu geistiger Beschäftigung führen könnte.

Was leistet Reichtum über die Befriedigung der natürlichen Bedürfnisse hinaus? Lediglich die Sorge über den Erhalt eines großen Besitzes, so Schopenhauer. Dennoch sind die Menschen tausendmal mehr bemüht, sich Reichtum statt Geistesbildung zu erwerben, kritisiert der Philosoph.

Praktische Anwendung in der Humanistischen und der Positiven Psychologie

Glücklicherweise blieben die Konzepte zur Selbstverwirklichung nicht bloß graue Theorie, sondern fanden ihre praktische Anwendung in den Schulen der Humanistischen sowie der Positiven Psychologie. Abraham Maslow zählt zu deren geistigen Gründervätern.

Sie wollen dazu beitragen, dass sich gesunde, sich selbst verwirklichende und schöpferische Persönlichkeiten entfalten können. Auch die beiden bereits früher zitierten Experten, der Begründer der Logotherapie Viktor Frankl sowie der Psychoanalytiker Erich Fromm, stehen diesen Ansätzen sehr nahe.

In diesem geistigen Umfeld hat sich auch in den 1960er-Jahren das Human Potenzial Movement (HPM) entwickelt, bei dem die Entfaltung der menschlichen Persönlichkeit und Potenziale sowie die Sinnerfüllung des Lebens im Mittelpunkt stehen.

Die wichtigsten Grundannahmen des HPM lauten:

- In jedem Menschen sind die Wünsche nach Selbstentfaltung und Sinnerfüllung seines Lebens angelegt, die den höchsten Ausdruck des menschlichen Seins darstellen.
- Diese gilt es zu stärken, anstatt die Menschen an die Bedürfnisse der Gesellschaft anzupassen.
- Die Entfaltung des Potenzials zur Selbstverwirklichung führt zu größerer Reife, Angstfreiheit, Gesundheit, Selbsterfüllung und Lebenssinn.
- Der Fokus liegt auf dem Hier und Jetzt (anstatt auf der Kindheit, Lebensgeschichte oder der Bearbeitung alter Konflikte), auf den gesunden Anteilen im Menschen (anstatt auf Störungen, die es zu beseitigen gilt) und auf der Förderung von Ressourcen und Wachstum.[95]

Mit seinen Ideen beeinflusste das HPM maßgeblich die weitere Entwicklung in zahlreichen Psychotherapierichtungen der Humanistischen und der Positiven Psychotherapie. Ein wichtiger Aspekt dieser Richtungen ist, die Aufmerksamkeit auf die Entfaltung der eigenen Stärken zu legen statt auf die Beseitigung von Schwächen.

Was Selbstverwirklichung nicht ist: ungezügelter Egoismus

In der öffentlichen Wahrnehmung stoßen wir jedoch auch immer wieder auf Kritik, wenn es um das Thema Selbstverwirklichung geht. Häufig wird der Begriff mit einem rücksichtslosen Ausleben der eigenen Wünsche, Sehnsüchte und des eigenen Individualismus gleichgesetzt. Zudem, so ein verbreiteter Vorwurf, diene die Selbstverwirklichung lediglich dazu, übersteigerten Egoismus und Narzissmus zu rechtfertigen.

Doch wie wir gesehen haben, ging es weder Abraham Maslow noch Aristoteles, Arthur Schopenhauer oder der Humanistischen und Positiven Psychologie darum, selbstzentrierte Egoisten zu fördern, die knallhart und um jeden Preis ihre eigenen Interessen durchsetzen wollen und dabei keinerlei Rücksicht auf andere nehmen.

Ganz im Gegenteil, all diese Denker und psychologischen Richtungen zielen auf die positiven Effekte der Selbstverwirklichung für den Menschen als soziales Wesen ab, die sich dann auch positiv auf die Gesellschaft auswirken. Nach deren Konzepten, Modellen und Philosophien sind ethische Wertvorstellungen, Altruismus und ein guter zwischenmenschlicher Umgang wesentliche Elemente der Selbstverwirklichung.

Zweifelsohne ist die menschliche Natur auf Selbstverwirklichung angelegt. Wer danach strebt, gibt seinem Leben Aufgabe, Ziel und Richtung. Deswegen: „Werde der, der du bist!“[96], wie Friedrich Nietzsche den griechischen Lyriker Pindar zitierte.

Das alles gilt natürlich auch immer im Rahmen der Möglichkeiten und Umstände, in denen wir uns befinden. Folgendes Zitat des US-amerikanischen Theologen, Philosophen und Politikwissenschaftlers Reinhold Niebuhr kann uns dafür ein wertvolles

Leitbild sein: „Gott gebe mir die Gelassenheit, Dinge hinzunehmen, die ich nicht ändern kann, den Mut, Dinge zu ändern, die ich ändern kann, und die Weisheit, das eine vom anderen zu unterscheiden.“[97]

Faktor Liebe: Liebe das Leben, dich selbst und deine Mitmenschen!

Doch bei aller Selbsterforschung und Selbstverwirklichung können wir den Sinn des Lebens nicht nur in uns selbst finden. Denn schließlich ist der Mensch nach Platon ein Zoon politikon, ein soziales Wesen. Die zwischenmenschlichen Beziehungen sind wichtiger Bestandteil eines glücklichen und sinnstiftenden Lebens. Glückliche Momente, die wir gemeinsam genießen, mit Menschen, die mit uns fühlen und empfinden, sind die schönsten Geschenke des Lebens. Oder wie der deutsch-französische Arzt und Philosoph Albert Schweitzer sagte: „Das Glück ist das Einzige, was sich verdoppelt, wenn man es teilt.“[98]

Die Liebe[99] ist die stärkste Form der Zuneigung zu anderen Menschen, geprägt von innigen Gefühlen, Sympathie, echter Wertschätzung und tiefer Verbundenheit. Die Sehnsucht nach wahrer Liebe ist das stärkste Streben im Menschen. Sie geht über die intensive Leidenschaft und Zärtlichkeit eines Liebespaares weit hinaus.

Die Liebe ist eine universelle Energie, die sich in vielen Facetten ausdrückt: In der Liebe zu anderen Menschen – dem Lebenspartner, den Eltern, Geschwistern und Freunden –, der Liebe zu uns selbst, zu einem Ideal, zu unserem Beruf, zu Gott und zum Leben an sich. Sie ist eine positive Haltung, mit der wir dem Leben, uns selbst und unseren Mitmenschen begegnen. Wichtige

Elemente dabei sind auch Geben, Helfen, Fürsorge, Verantwortungsgefühl und Achtung vor dem anderen.

Sie ist auch die wichtigste treibende Kraft hinter jedem kreativen Schaffensprozess, hinter jedem Ziel, Ideal und jeder Lebensaufgabe, die tief aus dem Herzen kommt. Letztendlich ist sie die grundlegende Basis für ein glückliches und sinnerfülltes Leben. Oder wie der Theologe Dietrich Bonhoeffer, der am deutschen Widerstand gegen den Nationalsozialismus beteiligt war, sagte: „Da, wo Liebe ist, ist der Sinn des Lebens erfüllt."[100]

Um wahre Liebe zu finden, in sich selbst und in anderen, gibt es grundlegende Voraussetzungen. Ihre wichtigste Basis ist Selbstliebe und Empathie. Das heißt, um andere wirklich lieben zu können, müssen wir erst lernen, uns selbst zu lieben. Eine gesunde Selbstliebe hat nichts mit Narzissmus zu tun. Denn der Selbstsüchtige interessiert sich nur für sich selbst, er hat keine Freude am Geben, sondern nur am Nehmen, und ist unfähig, sich selbst oder andere zu lieben. „Das biblische Gebot: ‚Liebe deinen Nächsten wie dich selbst' impliziert, dass die Liebe zu meinem Selbst, die Achtung vor der eigenen Integrität und Einzigartigkeit, untrennbar mit der Liebe zu allen anderen Wesen verbunden ist"[101], sagte Erich Fromm.

Die Liebe ist die stärkste Energiequelle in unserer Seele. Eine gewaltige positive Triebkraft, die uns antreibt, unsere Schöpferkraft zur Blüte bringt und uns Großes vollbringen lässt. Sie führt uns aus der Einsamkeit, baut Brücken zwischen den Menschen, löst Widersprüche auf. Sie zeigt, dass uns viel mehr verbindet als trennt. Sie ist ein intensives Gefühl gegenseitiger Wertschätzung, Zuneigung und Verbundenheit und auch Ursprung des höchsten Glücks. Sie ist es letztendlich, was die Welt zusammenhält. Sie sollte in jedem Fall ein zentraler Wert in jedem Leben sein.

Werte als zentrale Richtschnur unserer Entscheidungen

Bei der persönlichen Sinnfindung kommt es auch entscheidend auf unsere Werte an. Dabei geht es um Grundsätze, die eine fundamentale Bedeutung für unser Leben haben. Ideale, nach denen wir leben möchten. Zentrale Lebensprinzipien, denen wir emotional verbunden sind und denen wir eine besondere Wichtigkeit beimessen.

Zu den Werten zählen etwa Liebe, Glück, Erfolg, Gerechtigkeit, Sicherheit, Wohlstand, Freiheit, Spaß, Macht, Harmonie, Ordnung oder Ehrlichkeit. Der Psychologe Dieter Frey hat sich in dem Buch „Psychologie der Werte: Von Achtsamkeit bis Zivilcourage – Basiswissen aus Psychologie und Philosophie“[102] ausführlich mit diesem Thema auseinandergesetzt.

Jeder Mensch handelt immer nach bestimmten Wertvorstellungen, ob es ihm bewusst ist oder nicht. Auf der Basis von Werten treffen wir letztendlich unsere Entscheidungen, nachdem wir das Für und Wider entsprechend unseren persönlichen Vorstellungen abgewogen haben.

Werte können uns in schwierigen Situationen als Richtschnur dienen und leiten. Sie geben uns Orientierung bei Entscheidungen und leisten einen wichtigen Beitrag dazu, ein sinnerfülltes Leben zu führen. Sie helfen uns auch dabei, die Prioritäten bei unseren zentralen Lebenszielen zu setzen.

Die Wertvorstellungen lassen sich auch in bestimmte Kategorien einteilen:

- **Ethische Werte:** wie Respekt, Gerechtigkeit, Hilfsbereitschaft und Nächstenliebe
- **Materielle Werte:** wie Reichtum, Macht und Wohlstand
- **Postmaterielle Werte:** wie Glück, Selbstverwirklichung, Bildung und Nachhaltigkeit
- **Christliche Werte:** wie Glaube, Barmherzigkeit und Nächstenliebe

Auch für das Zusammenleben in Gruppen, Gesellschaft und Staaten bilden gemeinsame Wertvorstellungen und Wertsysteme eine wichtige Grundlage. Die meisten westlichen Demokratien wie die USA, Deutschland, England oder Frankreich basieren auf zentralen Werten wie Freiheit, Menschenwürde, Rechtsstaatlichkeit, Gleichheit und der Wahrung der Menschenrechte, die fest in der Verfassung, im Grundgesetz oder ähnlichen zentralen Staats-Dokumenten verankert sind.

So ist in Frankreich die Losung der französischen Revolution „Freiheit, Gleichheit, Brüderlichkeit" fester Bestandteil der Verfassung und fand sich vor Einführung des Euro sogar auf zahlreichen Geldmünzen wieder. Zentrale Werte finden sich auch im Titel der deutschen Nationalhymne „Einigkeit und Recht und Freiheit". Und in der US-amerikanischen Unabhängigkeitserklärung aus dem Jahr 1776, die Teil der Verfassung wurde, heißt es: „Wir halten diese Wahrheiten für selbstverständlich, dass alle Menschen gleich geschaffen sind, dass sie von ihrem Schöpfer mit bestimmten unveräußerlichen Rechten ausgestattet sind, dass unter diesen Leben, Freiheit und das Streben nach Glück sind."[103]

Doch woher kommen unsere persönlichen Wertvorstellungen? Sie werden kontinuierlich an die nachfolgenden Generationen weitergegeben und uns von klein auf durch unsere Eltern, unsere Religion und die Gesellschaft vermittelt. Durch die Erziehung in Elternhaus und Schule oder durch die Reaktionen der Mitmenschen wie Bestätigung, Bestrafung oder Nichtbeachtung lernen wir, welche Werte und welches Verhalten erwünscht sind und welche nicht. Manche Werte bleiben über Generationen hinweg gleich, andere verändern sich mit der Zeit.

So hat es in den liberalen, westlichen Industrienationen seit Ende des Zweiten Weltkrieges einen starken Wertewandel in der Gesellschaft gegeben. Befanden sich ursprünglich eher materielle Lebensprinzipien wie das Streben nach Vermögen, Besitz, Erfolg, Anpassung und Religion an den vordersten Stellen, so stehen heute eher postmaterielle Ideale wie Selbstverwirklichung, Individualismus und Nachhaltigkeit im Vordergrund.

Über die gesellschaftlichen Werte hinaus hat natürlich auch jeder einzelne Mensch höchst individuelle persönliche Wertvorstellungen, nach denen er sein Leben ausrichtet. Und genauso, wie sich die Werte im Laufe der Zeit in der Gesellschaft wandeln, können sich diese auch bei jedem Einzelnen ändern.

Aufgrund von veränderten Rahmenbedingungen, Schicksalsschlägen, neuen Erkenntnissen oder wenn sich je nach Lebensphase und Alter die Prioritäten im Leben verschieben. So legen junge Erwachsene gegebenenfalls zunächst großen Wert darauf, Karriere zu machen und einen Partner zu finden. Nach der Familiengründung wird es wichtiger, mehr Zeit mit der Familie zu verbringen. Und im fortgeschrittenen Alter oder infolge schwerer Krankheiten mag die Gesundheit in der Prioritätenliste weiter nach oben steigen und das Streben nach Erfolg, Macht und Prestige in den Hintergrund treten.

Dabei kommt es natürlich immer wieder vor, dass sich im Leben nicht alle für uns wichtigen Werte gleichermaßen verwirklichen lassen, sondern in Konkurrenz zueinander stehen. Ein Klassiker ist der Wertekonflikt zwischen Erfolg im Beruf und Familie. Es ist meist nicht möglich, diesen beiden Zielen gleichermaßen gerecht zu werden, da die Zeit der limitierende Faktor ist. Hier sollte man sich darüber im Klaren sein, welcher Wert der wichtigste ist und in Kauf nehmen, bei dem anderen bewusst Abstriche zu machen.

Übung 4:
Werte finden, die dir wichtig sind im Leben

In jedem Fall ist es sinnvoll und hilfreich für unser Leben, sich die eigenen Werte bewusst zu machen. Das ist zentrales Ziel der nächsten Übung. Damit verschaffen wir uns Klarheit darüber, nach welchen Idealen, Maßstäben und Grundsätzen wir unsere Entscheidungen treffen. Wenn wir unsere Werte[104] herausgefunden haben, können wir feststellen, ob wir diesen in unseren unterschiedlichen Lebensbereichen auch gerecht werden.

Denn Sinn, Zufriedenheit oder Glück können sich nicht einstellen, wenn wir entgegen unseren Werten leben. Auch können wir unsere Werte hinterfragen und überlegen, ob sie uns bei dem Leben, das wir eigentlich führen möchten, auch wirklich weiterhelfen. Und diese vielleicht durch neue Werte ersetzen, die uns unseren wahren Lebenszielen näherbringen.

WORKSHEET 14:
Brainstorming – Deine Werte

Dieses Worksheet beginnt wieder mit einem Brainstorming. Schreibe spontan alle Werte auf, die für dich persönlich eine wichtige Rolle in deinem Leben spielen, ohne sie zu bewerten. Auch hier kommt es zunächst darauf an, deinen spontanen Impulsen zu folgen und möglichst viele Punkte aufzuschreiben.

Zu deiner Inspiration findest du hier einige Beispiele für wichtige Werte, die du für dich Schritt für Schritt durchgehen kannst. Aber ergänze auf jeden Fall weitere für dich wichtige Ideale:

Liebe, Freiheit, Glück, Gerechtigkeit, Hilfsbereitschaft, Nächstenliebe, Glaube, Spiritualität, Erfolg, Reichtum, Wohlstand, Macht, Sicherheit, Risikobereitschaft, Ordnung, Unabhängigkeit, Selbstbestimmung, Weiterentwicklung, Gemeinschaft, Freundschaft, Gesundheit, Harmonie, Herausforderungen meistern, Kräfte messen im Wettbewerb, Zuverlässigkeit, Natur, Nachhaltigkeit, Treue, Intimität, Abenteuerlust, Beliebtheit, Prestige, Bescheidenheit, Ehrlichkeit, Sport, Kreativität, Leidenschaft, Respekt, Spaß, Tradition, Innovation, Wissen, Zugehörigkeit, Selbstverwirklichung.

WORKSHEET 15:
Deine zehn wichtigsten persönlichen Werte

Wähle nun aus den im Brainstorming gesammelten Stichpunkten deine zehn wichtigsten Werte aus und priorisiere diese in einer Rangliste von eins (sehr wichtig) bis zehn (weniger wichtig).

Vielleicht ist es zunächst leichter, einige Werte, die in der eigenen Prioritätenliste nicht ganz oben stehen, zu streichen. Und manche ähnlichen Werte lassen sich vielleicht zu einem Wert zusammenfassen.

Hier kann es auch hilfreich sein, jeden einzelnen Wert gegen die anderen abzuwägen und hineinzuspüren, welches Ideal für uns von größerer Bedeutung ist. Am Ende sollten dann nicht mehr als zehn zentrale Begriffe auf deinem Blatt stehen.

Lass die Liste am besten eine Zeit lang auf dich wirken und sieh dir dann gezielt noch einmal deine Top-5-Werte an. Stelle sicher, dass das wirklich deine fünf zentralen Ideale und Wertvorstellungen sind, nach denen du lebst oder leben möchtest.

Denn gerade die fünf zentralen Grundsätze, Ideale und Lebensprinzipien bieten Orientierung bei schwierigen Entscheidungen und können ein Fixstern für deinen Lebensweg sein. Natürlich können sich die Werte im Laufe des Lebens immer wieder verändern und du bist jederzeit frei, deine Werte anzupassen und neu zu ordnen.

WORKSHEET 16: Zuordnung deiner wichtigsten Werte zu den vier zentralen Lebensbereichen

Jetzt kommt es darauf an zu erkennen, welche Rolle deine wichtigsten Werte bereits in deinem Leben spielen und wo es noch Nachholbedarf gibt. Ordne nun deine Top-10-Werte den vier zentralen Lebensbereichen zu, mit denen du dich in Worksheet 15 ausführlich beschäftigt hast. Versuche, in jedem Lebensbereich möglichst drei bis fünf Werte einzutragen und entsprechend zu priorisieren – in einer Rangliste von eins (sehr wichtig) bis fünf (weniger wichtig).

Manche Werte werden sich vielleicht in allen Lebensbereichen wiederfinden, andere nur in bestimmten. Dabei sollten natürlich die Top-5-Werte verstärkt auftauchen. Falls nicht, gehe am Ende zurück zu Worksheet 15 und passe dein generelles Werte-Ranking entsprechend an.

1. Beruf und Berufung
2. Zwischenmenschliche Beziehungen
   (Liebe, Beziehung, Familie und Freunde)
3. Gesundheit
   (auch Sport, Persönlichkeitsentwicklung und Work-Life-Balance)
4. Freizeit
   (Hobbys, Sport, Kultur, Kreativität, Unterhaltung, Reisen und Abenteuer)

Hier wird nun ersichtlich, ob du deine Werte in den vier zentralen Lebensbereichen auch wirklich lebst. Mache dir beim Blick auf diese Zuordnung Folgendes bewusst: Welche Werte sind mir zwar sehr wichtig, kommen aber bisher zu kurz? Was kann ich tun, um diesen Werten mehr Gewicht zu verleihen?

Wenn mein Handeln nicht meinen zentralen Wertvorstellungen entspricht, dann muss ich überlegen, welche Veränderungen ich durchführen kann, um dieses Missverhältnis in Einklang zu bringen.

Eine weitere wichtige Frage dabei ist auch: Helfen mir diese Werte dabei, meine wahren Lebensziele zu erreichen oder hindern sie mich daran? Dann muss ich meine Werte überprüfen und gegebenenfalls ändern.

Das Glück und die hedonistische Tretmühle

Eine zentrale Stellung unter den Werten, die wichtig sind für den Sinn des Lebens, nimmt auf jeden Fall das Glück ein. „Alle Menschen wollen glücklich sein“[105] wusste schon der griechische Philosoph Aristoteles. Doch was bedeutet Glück eigentlich – ganz generell und für mich persönlich? Wie kann ich glücklich werden?

Das Glück hat viele Facetten: Neben kurzen, intensiven und berauschenden Glücksmomenten sowie emotionalen Kicks – die sich bei der Befriedigung von Grundbedürfnissen einstellen können – gibt es das Genießen eines schönen Augenblicks. Das Erfolgsgefühl, endlich ein langersehntes Ziel zu erreichen. Das erfüllende Empfinden, anderen Menschen zu helfen, und die Liebe. Und schließlich das anhaltende Gefühl tief empfundener Zufriedenheit eines stimmigen Lebens im Einklang mit sich selbst. Zweifelsohne ist ein sinnerfülltes Leben der wahre Schlüssel zu echtem Lebensglück.

Auf der Suche nach dem Glück dürfen wir jedoch nicht den Fehler machen, in die Falle der hedonistischen Tretmühle[106] zu tappen. Denn die Halbwertszeit des Glücks währt meist nicht lange und es ist auch kein berauschender Dauerzustand. Wer kennt das nicht: Der Mensch strebt sein Leben lang nach Glück, doch kaum hat er es erreicht, fliegt es schon wieder davon. Nach einem positiven Lebensereignis, das uns mit Glücksgefühlen überflutet, kehren wir bald wieder zu unserem emotionalen Normalzustand zurück. Denn wir gewöhnen uns rasch an die neuen Dinge oder Lebensumstände, die uns glücklich machen, so schön sie auch sein mögen.

Wie ein Hamster im Rad müssen wir uns also ständig abstrampeln, um glücklicher zu werden, kommen aber letztendlich nicht vom Fleck. Kaum ist ein neues Ziel erreicht, schleicht sich die Gewohnheit ein und ein neues, höheres Ziel muss her. Wenn wir nicht aufpassen, landen wir schnell in einer Endlosschleife eines Immer-höher-weiter-schneller-Modus, bei dem letztendlich das wahre Leben auf der Strecke bleibt.

Die Ursache dafür liegt in der hedonistischen Tretmühle[107] – ein psychologisches Phänomen, das Experten aus dem Bereich der positiven Psychologie und Wirtschaftswissenschaftler aus der Verhaltensökonomik unter die Lupe genommen haben. Dieses Konzept besagt, dass der Mensch die Tendenz hat, nach einem stark positiven oder negativen Lebensereignis relativ schnell zu einem neutralen Emotions-Level zurückzukehren.

Von hedonistischer Adaptation oder Anpassungstheorie spricht der Wirtschaftswissenschaftler Richard Layard[108]. Er geht davon aus, dass wir uns an das Level unserer materiellen Ausstattung gewöhnen und unsere Ansprüche an das materielle Niveau schließlich immer weiter steigern. Auf Dauer können die ursprünglich glückserzeugenden Bedingungen keine Glücksgefühle mehr auslösen, und sogar Extremerfahrungen werden im Laufe der Zeit nur noch auf einem mittleren Niveau erlebt.

Allerdings gibt es für Layard Quellen des Wohlbefindens, die nicht der gleichen Anspruchsinflation wie materielle Dinge unterliegen, wie etwa soziale Kontakte: „Ein gutes Gespräch bleibt ein gutes Gespräch, wohingegen ein gutes Auto nicht ein gutes Auto bleibt." In seinem 2005 veröffentlichten Buch „Die glückliche Gesellschaft: Kurswechsel für Politik und Wirtschaft" stellte Layard fest: „Wir sind eine Wohlstandsgesellschaft – eine glückliche Gesellschaft sind wir nicht. Stress, Angst und Unsicherheit bestimmen unser Leben auf der Jagd nach Geld und Erfolg. Schuld ist die einseitige Fixierung auf ökonomisches Wachstum, die Politik und Wirtschaft bestimmt."

Viele Menschen glauben, sie wären glücklicher, wenn sie reicher wären. Doch Studien wie etwa die des US-amerikanischen Psychologen Ed Diener[109] zeigen, dass der Glückszuwachs ab einem gewissen Gehalts-Niveau nicht mehr so groß ist. Wer etwa in Deutschland lebt und ein unterdurchschnittliches Jahreseinkommen von 15.000 Euro bezieht, der erlebt einen starken Glückszuwachs, wenn sich das Einkommen auf 30.000 Euro verdoppelt.

Wer es schafft, dies noch mal auf 60.000 Euro zu steigern, erhält einen weiteren Glücksbonus, der jedoch schon bedeutend geringer ausfällt als beim ersten Sprung. Irgendwo zwischen 80.000 Euro und 100.000 Euro Jahreseinkommen verliert sich der Zusammenhang. Das heißt: Einkommenszuwächse machen Arme glücklicher, Wohlhabende nicht unbedingt.

Andere Studien wie die der US-amerikanischen Psychologen Philip Brickman, Dan Coates und Ronnie Janoff-Bulman[110] ergaben, dass auch Lotteriegewinner im Durchschnitt nach einem Jahr nicht mehr glücklicher waren als Menschen, die nicht das große Los gezogen haben. Irgendwann gewöhnen wir uns an alles, an den Traumjob, den Lottogewinn, ja sogar an die große Liebe, und aus glücklich wird schließlich normal.

Doch das Auf und Ab des Glücks ist kein Zufall, sondern volle Absicht. Die Evolution scheint dauerhaftes Glück für den Menschen nicht vorgesehen zu haben. Glücklichsein ist niemals ein Zweck an sich. Die Menschen sind nicht dazu gemacht, um in einem permanenten Zustand unendlicher Glückseligkeit oder Ekstase zu schweben.

Im Gegenteil: Die kurzen Glücksmomente sind die Triebkraft, die die Evolution am Laufen hält. Die uns zu immer neuen Leistungen anspornt und uns kurzzeitig für erreichte Ziele belohnt. Die hedonistische Tretmühle ist der Motor, der den Menschen antreibt, und Ursache für jeden Fortschritt und jede Weiterentwicklung. Die Evolution erfand das Belohnungssystem im Gehirn ebenso wie positive und negative Gefühle, um unser Verhalten zu motivieren. Die hedonistische Tretmühle zwingt uns fortwährend, nach dem Glück zu streben, ohne dass wir jemals dazu in der Lage sein werden, ein hohes Glücks-Level halten zu können.

Die hedonistische Tretmühle hält auch den Kapitalismus am Laufen. Der Kauf von materiellen Gütern schüttet kurzzeitig Glückshormone in uns aus. Weil die Freude über den Kauf aber nicht lange anhält, kommt das Gefühl, sich durch einen Kauf erneut zu belohnen, schnell wieder auf. Das gilt nicht nur für große Anschaffungen wie Autos und Häuser, sondern auch für gewöhnliche Dinge.

Doch was über lebensnotwendige Sachen oder das normale Maß hinausgeht, kann schnell zur Zwangsneurose werden. Denn das zehnte Paar Sneakers oder jedes Jahr das allerneueste Smartphone zu kaufen, bringt keinen wirklichen Mehrwert. Der Glückskick beim Klingeln der Kasse währt nur kurz. Bald muss das nächste Paar Schuhe oder das noch bessere Smartphone her.

Im Kern geht es bei solchen irrationalen Käufen nicht um die Freude oder den Nutzen an der Sache an sich. Sondern meist nur um die vermeintliche und kurzweilige Befriedigung unseres Belohnungssystems.

Ein nicht wirklich sinnvoller Konsum wird auch durch das ständige „sich vergleichen mit anderen" angestachelt, Stichpunkt „keeping up with the neighbors". Schnell werden wir mit unseren Sachen unzufrieden, weil das Gras auf der anderen Seite der Straße immer grüner ist.

Wenn der Nachbar plötzlich einen Pool hat, brauche ich auch einen, obwohl ich eigentlich nicht gerne schwimme. Und so muss ich immer mehr Geld verdienen, um mithalten zu können, und habe dadurch immer weniger Zeit, um diese Dinge genießen zu können. Die Spirale dreht sich unaufhörlich weiter.

Das ist nicht ungefährlich: „Deshalb investieren die Menschen immer mehr Zeit und Energie in das Erlangen der nötigen finanziellen Ressourcen für die Befriedigung der materiellen Ansprüche, die sie von anderen Lebensbereichen abziehen müssen", erklärt der Ökonom Richard Layard.

Wer der hedonistischen Tretmühle in diesem negativen, rein auf das Materielle fixierten Sinne völlig erliegt, der steht nicht nur seinem wahren Glück im Wege, sondern öffnet auch dem baldigen Burn-out Tür und Tor. „Immer wieder gibt der Mensch Geld aus, das er nicht hat, für Dinge, die er nicht braucht, um damit Leuten zu imponieren, die er nicht mag"[111], sagte der US-Komiker Danny Kaye.

Das Problem: Beim Versuch, möglichst viele Glücksmomente zu erhaschen, bleibt das Leben irgendwann selbst auf der Strecke. So können manche Menschen ihre Erfolge nicht mehr feiern, weil sie sofort wieder nach mehr streben. Nach dem Spiel ist vor dem Spiel. Immer weiter, höher, schneller.

Ein Beispiel dafür ist die ernüchternde Reaktion des Wiener Popstars Falco auf seinen grandiosen Erfolg: Im März 1986 erreichte seine Single „Rock Me Amadeus" die Spitze der US-Charts – als erster und bis heute einziger deutschsprachiger Song. Während um ihn herum alles im Freudentaumel versank, ließ sich Falco von der hohen Erwartungshaltung erdrücken. Sein Kommentar: „Des schoff i nie wieder. Jetzt is' aus."[112]

Die Probleme der hedonistischen Tretmühle brachte auch Buchautorin Janice Jakait, die den Atlantik allein im Ruderboot überquert hat, in einem Interview mit SinndesLebens24 pointiert auf den Punkt: „Wir haben so viele Chancen und Möglichkeiten.

Wir können alles erreichen, aber nichts stellt uns zufrieden. Die Lebenszeit läuft unaufhörlich ab. Wir verschwenden unser Leben, wenn wir annehmen, dass wir ewig Zeit hätten ... Geld verdienen, Geld ausgeben, Besitz, Zerstreuung und Unterhaltung. Wir jagen ständig neuen Zielen hinterher und finden keine dauerhafte Zufriedenheit oder einen echten Lebenssinn. Doch diese Dinge machen uns nicht wirklich glücklich, sondern lenken nur von dem Leben ab, das wir eigentlich leben möchten."[113]

Wege aus dem Hamsterrad: Achtsamkeit, carpe diem und Bedürfniskontrolle

Natürlich können wir uns der hedonistischen Tretmühle nicht völlig entziehen, aber wir können deren Wirkungsweise in sinnvollere Bahnen lenken. Zuallererst sollten wir uns beim Blick auf materielle Dinge einige wichtige Fragen stellen: Welche Dinge machen mich wirklich glücklich? Was brauche und benutze ich wirklich? Was steht nur rum, wird von mir kaum beachtet oder wirkt sogar wie Ballast? Und vor allem: Wie viel Lebensenergie und Zeit stecke ich in das, was ich habe? Welchen Preis bin ich bereit zu bezahlen, um mehr zu kaufen?

Dabei geht es natürlich nicht darum, plötzlich auf alles zu verzichten. Sondern darum, unser Bewusstsein für das zu schärfen, was wir wirklich brauchen, was uns wirklich wichtig ist und was nicht. Und vor allem, was wir dafür bereit sind zu geben. Wir müssen herausfinden, ob ein ungezügelter Konsum lediglich eine Ersatzbefriedigung für etwas anderes ist, das uns eigentlich zufriedener machen würde.

Ein wichtiger Punkt ist auch eine bessere Bedürfniskontrolle. In unserer Wohlstandsgesellschaft gibt es unzählige Möglichkeiten für viele Menschen, ihre Bedürfnisse sofort zu befriedigen. Durch

Übersättigung und Abstumpfung kann der ungebremste Hedonismus jedoch schnell zur Anhedonie führen, der Unfähigkeit, wirklich Freude zu empfinden oder wirklich genießen zu können.

Die Lösung kann darin liegen, einfach mal zu versuchen, unsere Bedürfnisse hin und wieder etwas stärker zu kontrollieren sowie nicht alles einfach wahllos zu konsumieren. Dabei kann helfen, sich durch einen bewussten zeitweisen Verzicht und ein Aufschieben der Wünsche der möglichen Überfütterung einmal zu entziehen.

Eine weitere Möglichkeit ist, mehr Achtsamkeit in unser Leben zu bringen. Zu lernen, wieder stärker den Augenblick im Hier und Jetzt zu genießen. Im Stress des Alltags nehmen wir viele positive Momente gar nicht mehr wahr oder nehmen sie als selbstverständlich hin. Hier ist ein stärkerer Fokus auf den Augenblick zu empfehlen, gemäß dem Zitat des römischen Dichters Horaz: „Carpe diem!“[114]

Deswegen sollten wir versuchen, die schönen Aspekte unseres Lebens wirklich bewusst wahrzunehmen und dankbar dafür zu sein. Und uns auch an den vielen positiven kleinen, meist nichtmateriellen Erlebnissen erfreuen. Dazu zählen vor allem Erlebnisse mit Freunden und Familie oder in der Natur.

Was bedeutet das für unseren persönlichen Sinn des Lebens? Wir sollten unbedingt versuchen, mehr Klarheit über unsere eigenen wahren Wünsche und Bedürfnisse zu gewinnen und unsere Lebensenergie in die richtigen und für uns sinnstiftenden Bahnen zu lenken. Dabei sind mehr Achtsamkeit und ein bewussteres Leben im Augenblick hilfreich. Wir sollten mehr wahre, tiefe und erfüllende Glücksmomente anpeilen, die jenseits des materiellen Kaufrausches und des Strebens nach Prestige und Statussymbolen zu finden sind.

Das intensive Glücks-Erlebnis im Flow

Eine sichere und wahre Quelle für sinnstiftende Glücksmomente kann auch der sogenannte „Flow“[115] sein. Als Flow-Erlebnis definiert die Psychologie ein starkes Glücksgefühl, das Menschen in intensiven Momenten ihres Lebens empfinden. In diesem besonderen Bewusstseinszustand ist, wer völlig in seiner Tätigkeit aufgeht, sich ganz im Hier und Jetzt befindet und das Gefühl hat, dass alles stimmig ist.

Die Auslöser für dieses berauschende Gefühl des völligen Eins-Seins mit sich selbst und der Welt können sehr vielfältig sein: Kinder beim Spiel, Sportler beim Laufen („Runner's High“) oder Musiker im Rockkonzert. Andere finden das intensive Glücks-Erlebnis beim Tanzen, Singen, Malen, Klavierspielen, in der Liebe oder in anderen Dingen, die ihnen Spaß machen und sie erfüllen.

Diese glückliche Weltvergessenheit kennen aber auch Wissenschaftler, Programmierer („Hack Mode“) oder Bastler, die in langen Nachtarbeiten fasziniert und fast fanatisch an ihren Problemen tüfteln. Extremsportler können im Glücksrausch sogar Strapazen und Schmerzen vergessen. In seiner Intensität kann sich das Flow-Gefühl bis hin zu Extase oder Trance steigern, wie ein Rausch ohne Drogen.

Geprägt hat den Begriff „Flow“ (englisch: fließen, strömen) der ungarisch-amerikanische Psychologieprofessor Mihály Csíkszentmihályi[116] in den 1970er-Jahren. Damit beschreibt er das Glücksgefühl einer völligen Vertiefung und eines restlosen Aufgehens in einer Tätigkeit, die wie von selbst vor sich geht. Der Flow kann bei einem komplexen, schnell ablaufenden Geschehen entstehen, in einem Bereich zwischen Überforderung (Angst) und Unterforderung (Langeweile).

Dabei sind der Zugang zum Flow und die Intensität des Erlebens für die Menschen sehr individuell und unterschiedlich. Das Erreichen dieses Glückszustandes ist also an keine bestimmte Tätigkeit gebunden und kann auch nicht erzwungen werden.

Den Flow-Zustand[117] kann jeder für sich, aber auch gemeinsam mit anderen erleben. Der Mensch im Flow vergisst die Zeit, denkt nicht mehr an seine Sorgen. Er weiß, was und wie er es zu tun hat, lässt sich ganz auf sein Tun ein, schenkt ihm seine ganze Aufmerksamkeit und geht darin auf. Er konzentriert sich ausschließlich auf seine Aufgabe und entfaltet ein Tun, in dem die äußeren Anforderungen und seine inneren Wünsche und Ziele in hohem Maß übereinstimmen. Flow-Erlebnisse gehen einher mit einer Selbst- und Zeitvergessenheit.

Um in den Flow-Zustand zu gelangen, sind nach Csíkszentmihályi verschiedene Voraussetzungen nötig: ein klares Ziel vor Augen, volle Konzentration auf das Tun, das Gefühl der Kontrolle über die Tätigkeit, der Einklang von Anforderung und Fähigkeit in scheinbarer Mühelosigkeit – ohne Überforderung, Angst und Langeweile.

Man muss sich dem Tun voll hingeben, es muss die volle Konzentration beanspruchen. Die Anforderungen dürfen jedoch nicht so hoch sein, dass man überfordert ist. Und nicht zu niedrig, damit man sich nicht langweilt. Ein wichtiger Punkt ist die richtige Motivation dahinter. Die Tätigkeit muss um ihrer selbst willen ausgeführt werden, etwa weil sie einfach Freude macht, weil man sie einfach tun möchte, weil sie einen reizt. Und nicht, weil man dadurch ein besseres Gehalt, mehr Ansehen bei anderen oder Ähnliches erreichen will.

Wichtig in Flow-Handlungen ist auch der spielerische Aspekt – indem der Mensch kreativ und gestalterisch wirkt, darin aufgeht und darin seinen freien Ausdruck findet. Dabei muss man die

Erwartung loslassen, dass die Handlung zum Erfolg führen muss und frei sein von der Sorge um sich oder um und das eigene Ansehen. Im Flow gibt es gleichzeitig ein Streben nach Kontrolle, aber auch ein Bewusstsein, dass die Situation unvorhersehbar und unberechenbar ist.

Der Psychologe Siegbert A. Warwitz[118] hat besonders intensive Flow-Erlebnisse bei Grenzgängern wie Extremsportlern oder Artisten entdeckt: Menschen, die sich bis an ihre physischen und psychischen Grenzen hin verausgaben.

Dabei bewirkt die extreme Herausforderung eine intensive Ausschüttung von Glückshormonen – quasi als Belohnung für die Bereitschaft, unglaublich schwierige Aufgabe zu lösen. Nach Warwitz kommt das extreme Flow-Erleben insgesamt eher unter asketischen Bedingungen zustande, die eine hohe Eigenleistungen erfordern, als im bequemen Luxusmilieu.

Übung 5:
Deine persönlichen Flow-Erlebnisse

Das starke Glücksempfinden im Flow kann man nicht erzwingen, jedoch ein Umfeld dafür schaffen, in dem die Wahrscheinlichkeit dafür steigt. Man muss sich nur darüber klar werden, was einem wirklich Freude macht, und dann bewusst diesen Tätigkeiten nachgehen – in der Freizeit oder idealerweise auch im Job.

Aber auch Neues suchen und ausprobieren, was den eigenen Interessen entspricht. Eine neue Sportart entdecken, seine künstlerische Ader ausleben oder auf Reisen intensive Naturerlebnisse suchen. Der Vielfalt auf der Suche nach dem persönlichen, intensiven Flow-Erlebnis sind keine Grenzen gesetzt.

WORKSHEET 17:
Brainstorming – bei welchen Aktivitäten kommst du in den Flow?

Diese Übung beginnt wieder mit einem Brainstorming. Schreibe spontan alle Aktivitäten auf, bei denen du so etwas wie ein Flow-Erlebnis hattest. Vertiefte Tätigkeiten in der Arbeit, beim Sport, in der Natur oder bei kreativen Aktionen, bei denen du ein restloses Aufgehen im Tun gespürt hast, dich ganz im Hier und Jetzt befandest und das Gefühl hattest, dass alles stimmig ist.

WORKSHEET 18:
Deine Top-10-Flow-Erlebnisse

Wähle aus den im Brainstorming zutage geförderten Stichpunkten nun die zehn wichtigsten Aktivitäten aus, bei denen du Flow-Erlebnisse hattest. Bewerte diese und bringe die Begriffe in eine Top-10-Ranking-Liste, bei dem Platz eins die allerwichtigste Quelle deiner Flow-Erlebnisse darstellt. Beantworte erst dann alle dazugehörenden Warum-Fragen.

WORKSHEET 19:
Zuordnung deiner Flow-Erlebnisse zu den zentralen Lebensbereichen

Im nächsten Schritt ordne diese zehn Flow-Erlebnisse den zentralen Lebensbereichen Beruf, zwischenmenschliche Beziehungen, Freizeit und Gesundheit zu – dabei sind natürlich auch wieder Mehrfachnennungen möglich.

Du kannst diese Bereiche noch weiter verfeinern und je nach Bedeutung weitere hinzufügen, die für dich eine besondere Rolle spielen. Ergänze gerne Flow-Erlebnisse in Bereichen, in denen du bisher gar nichts eingetragen hast, zusätzlich zum Brainstorming.

1. Beruf und Berufung
2. Zwischenmenschliche Beziehungen
   (Liebe, Beziehung, Familie und Freunde)
3. Gesundheit
   (auch Sport, Persönlichkeitsentwicklung und Work-Life-Balance)
4. Freizeit
   (Hobbys, Sport, Kultur, Kreativität, Unterhaltung, Reisen und Abenteuer)

Ikigai: Die japanische Methode, seine Berufung zu finden

Eine zentrale Rolle bei der Selbstverwirklichung und dem Sinn des Lebens spielt mit Sicherheit auch der Beruf. Aber entspricht er wirklich unseren Fähigkeiten und unserer Berufung? Haben wir Freude dabei? Können wir uns weiterentwickeln?

Natürlich ist das Leben kein Ponyhof, und in jedem Job gibt es immer Dinge, die wir gern oder weniger gern tun als andere. Doch viele Menschen sind von Grund auf unzufrieden in ihrem Job. Und klar ist: Wer in einer beruflichen Sackgasse steckt, der kommt dem Ziel der Selbstverwirklichung keinen Schritt näher. Es sei denn, er findet Erfüllung in seiner Freizeit. Aber die Arbeit nimmt den größten Teil unseres Lebens ein. Ergo könnte es gut sein, die Weichen neu zu stellen.

Aber es lohnt sich, den Mut zur Veränderung aufzubringen, denn: „Wer immer tut, was er schon kann, bleibt immer das, was er schon ist"[119], wie der US-amerikanische Ausnahme-Unternehmer Henry Ford sagte, der den Automobilhersteller Ford Motor Company gründete und die Fließbandfertigung im Automobilbau einführte.

An erster Stelle steht auch hier wieder die Selbsterkenntnis: „Erkenne dich selbst!"[120], wie die Inschrift beim Orakel von Delphi im antiken Griechenland forderte. Wo liegen unsere Stärken? Was macht uns wirklich Freude? Sind wir mit dem Herzen dabei? Können wir etwas an unserer Situation ändern? Gibt es im Unternehmen andere Abteilungen, die eher unseren Fähigkeiten entsprechen? Können wir Fortbildungen machen? Oder gibt es gar die Option, sich selbstständig zu machen? Um unserer Berufung, unserer wahren Lebensaufgabe oder unserem Zweck der Existenz im Berufsleben auf die Sprünge zu kommen, bietet die japanische Methode Ikigai eine ausgezeichnete Möglichkeit.

Ikigai bedeutet frei übersetzt „das, wofür es sich zu leben lohnt", „die Freude und das Lebensziel" oder „das Gefühl, etwas zu haben, für das es sich lohnt, morgens aufzustehen". Diese japanische Methode ist ein effektiver Weg, seinen Sinn des Lebens, und vor allem auch seine Berufung herauszufinden. Der japanische Wissenschaftler Ken Mogi hat diesen Ansatz in seinem Buch „Ikigai: Die japanische Lebenskunst"[121] umfassend beschrieben.

In der Kultur Japans spielt die gründliche Selbstreflexion beim Streben nach dem persönlichen Ikigai[122] eine große Bedeutung. Wer sein Ikigai findet, dem erschließt sich ein Gefühl der Lebensfreude, eines stimmigen, sinnerfüllten Lebens und einer inneren Zufriedenheit im Einklang mit sich selbst.

Schließlich kommt auch eine Studie der japanischen Universität Tōhoku[123] zu dem Schluss, dass ein Leben auf Basis des Ikigai sich nicht nur in einer positiven Lebenshaltung ausdrückt. Es fördert auch die physische Gesundheit und führt zu einer höheren Lebenserwartung. So überrascht es nicht, dass auf der Insel Okinawa, wo der Begriff Ikigai geprägt wurde, die ältesten Menschen der Welt leben.

Was macht das Leben für dich lebenswert? Wo liegen deine persönlichen Stärken und Talente? Wie kannst du dein ureigenes Potenzial erkennen und entfalten? Diesen grundlegenden Fragen geht die Ikigai-Methode auf den Grund und hilft systematisch dabei, die eigenen Antworten darauf zu finden. Das Ziel ist, seine Lebensaufgabe auf Basis der individuellen Veranlagung und Talente zu finden, die zu Selbstverwirklichung, Erfüllung und Zufriedenheit führt.

Das Ikigai-Modell[124] basiert auf einer zielgerichteten Erforschung der eigenen Stärken, Werte und Begabungen, die jeden Menschen einzigartig machen. Im Zentrum dieses Modells stehen vier Kern-Elemente.

Die vier Kern-Elemente des Ikigai:

1. Das, was ich liebe, was ich gerne tue.
2. Das, was die Welt von mir braucht.
3. Das, womit ich Geld verdienen kann.
4. Das, worin ich richtig gut und talentiert bin.

Aus den Schnittmengen dieser vier Elemente ergeben sich dann schließlich die vier übergeordneten Grundbedürfnisse, die damit erfüllt werden: Leidenschaft, Mission, Berufung und Beruf.

Übung 6:
Komme deinem Ikigai auf die Spur

Um die Selbsterforschung richtig anzugehen, gehe in Ruhe Frage für Frage durch. Und schreibe alles frei auf, was dir spontan in den Sinn kommt. Auch wenn dir einiges im ersten Moment lächerlich oder völlig unrealistisch vorkommen mag.

So erhältst du Zugang zu deinem Unterbewusstsein, in dem viele Träume und Sehnsüchte verborgen sind. Folgende Fragen zu den vier Kern-Elementen helfen zielgerichtet dabei, deinem eigenen Ikigai auf die Spur zu kommen. Pro Kern-Element des Ikigai gibt es jeweils ein Worksheet.

WORKSHEET 20:
Was liebst du? Was tust du gerne?

1. Was begeistert mich, entfacht meine Leidenschaft und macht mir so richtig Spaß?
2. Bei welchen Tätigkeiten vergesse ich die Zeit? Wann bin ich im Flow?
3. Was kann ich sehr lange machen, ohne müde zu werden?
4. Welche Dinge habe ich schon als Kind gerne getan, was habe ich am meisten geliebt?
5. Worüber kann ich stundenlang mit Enthusiasmus reden?
6. Wenn ich einen ganzen Tag das tun könnte, was ich am liebsten mache, was wäre das?

WORKSHEET 21:
Worin bist du gut? Wo liegen deine Talente?

1. Was kann ich richtig gut? Worin bin ich begabt? Wo liegen meine Talente?
2. Was kann ich besser als andere?
3. Welche Ausbildung habe ich? Was habe ich gelernt?
4. Gibt es Hobbys, denen ich nachgehe?
5. Verfüge ich über weitere, vielleicht auch ungewöhnliche oder auf den ersten Blick unbedeutende Fähigkeiten?

WORKSHEET 22:
Was braucht die Welt von dir?

1. Was erfüllt mich wirklich mit Sinn?
2. Wovon bin ich im tiefsten Inneren überzeugt? Was entspricht meinen Werten?
3. Wenn ich nicht mehr hier bin: Was soll einmal von meinem Wirken in der Welt übrig und in Erinnerung bleiben?
4. Falls ich einmal eine Zeit lang nicht da war: Was würde genau fehlen oder liegen bleiben? Wem oder wo würde ich ganz besonders fehlen?

WORKSHEET 23:
Womit kannst du Geld verdienen?

1. Was ist mein bisheriger Beruf? Wofür werde ich bezahlt?
2. Erziele ich noch weitere Einnahmen aus anderen Quellen?
3. Könnte ich mit anderen Dingen, in denen ich besonders gut bin, unter Umständen auch Geld verdienen? Etwa mein Hobby zum Beruf machen?

WORKSHEET 24:
Die vier übergeordneten Grundbedürfnisse des Ikigai

Schließlich ergibt sich aus den Schnittmengen dieser vier Elemente dann jeweils ein übergeordnetes Grundbedürfnis, das damit erfüllt werden kann: also Leidenschaft (Passion), Aufgabe (Mission), Berufung (Vocation) und Beruf (Profession).

Deine Leidenschaft findest du in der Schnittmenge dessen, was du liebst und dessen, worin du talentiert bist. Die Mission ergibt sich daraus, was du liebst und daraus, was die Welt von dir braucht. Deine Berufung erkennst du an der Überschneidung von dem, was die Welt von dir braucht und dem, womit du Geld verdienen kannst. Schließlich weist das, womit du Geld verdienen kannst und worin du richtig gut und talentiert bist, den Weg zu deinem Beruf.

Führe nun in diesem Worksheet die zentralen Ergebnisse der vorherigen Worksheets 20 bis 23 zusammen und ergänze die sich daraus ergebenden neuen Impulse und Ideen.

1. Leidenschaft (Passion):

Schnittmenge aus „Was liebe ich?“ und „Worin bin ich talentiert?“

2. Aufgabe (Mission):

Schnittmenge aus „Was liebe ich?“und „Was braucht die Welt von mir?“

3. Berufung (Vocation):

Schnittmenge aus „Was braucht die Welt von mir?“ und „Womit kann ich Geld verdienen?“

4. Beruf (Profession):

Schnittmenge aus „Womit kann ich Geld verdienen?“ und „Worin bin ich talentiert?“

Wenn alle vier Elemente und Grundbedürfnisse – also Passion, Mission, Vocation und Profession – erfüllt werden und in einem ausgewogenen Verhältnis stehen, erschließt sich der Idealzustand des Ikigai.

Dann können wir unser ureigenes Potenzial entfalten und legen die Basis für ein sinnerfülltes und glückliches Leben. Schließlich befinden wir uns an dem Punkt, an dem sich unsere individuellen Talente und Leidenschaften mit dem überschneiden, was die Welt braucht und woraus wir auch unser Einkommen erzielen können.

Der ganz persönliche Sinn des Lebens – 31 Menschen, 31 Antworten

Was ist dein ganz persönlicher Sinn des Lebens? Diese Frage ist fester Bestandteil der Interviews im Online-Magazin SinndesLebens24[125]. Jeder Mensch ist individuell, jeder Lebensweg unterschiedlich und so fallen die Antworten äußerst verschieden aus.

Das Spektrum, wie „mein Sinn des Lebens“ definiert wird, ist vielfältig: Dem Weg seines Herzens zu folgen, zu lieben, intensiv im Augenblick zu leben, dem Ruf des Lebens zu folgen. Oder seine Träume zu leben, sich zu einem selbstbestimmten Menschen zu entwickeln. Andere finden den Sinn darin, ihre Talente und Möglichkeiten zu entfalten, Glück zu erfahren oder anderen Menschen zu helfen.

In den bisher fünf Jahren von SinndesLebens24 – vom Start am 14. April 2016 bis zum 14. April 2021 – hat es insgesamt 85 Gespräche mit hochinteressanten Menschen gegeben: von Psychologen, Bestsellerautoren, Philosophen, Serial Entrepreneuren und Musikern über Ex-Geheimagenten, Neurowissenschaftler, Manager und Journalisten bis hin zu Abenteurern, Theologen, Stiftern, Mönchen und Radio-Moderatoren.

Der Blick auf die vielfältigen Antworten soll uns Inspiration geben für unseren eigenen, ganz persönlichen Sinn des Lebens. Natürlich finden sich hier vor allem Menschen mit außergewöhnlichen Berufen wieder. Doch nicht jeder muss seinen Sinn darin finden, Philosophie zu studieren, ein Buch zu schreiben, Rockstar oder Coach zu werden. Gerade in den unzähligen „normalen“ Berufen, die die Gesellschaft am Laufen halten, lässt sich so viel Wertvolles und Sinnhaftes finden, wenn wir es erkennen und leben.

Also lasse dich nun inspirieren von den ganz persönlichen Ansichten über den Sinn des Lebens dieser 31 Interviewpartner. Hier noch ein Hinweis: Die vollständigen Interviews kannst du gerne auf meiner Website www.sinndeslebens24.de nachlesen. Du findest den jeweiligen Beitrag am besten, wenn du den vollständigen Namen des Interviewpartners in die Suchfunktion eingibst.

Sergio Bambaren, Ex-Manager und internationaler Bestseller-Autor

„Für mich besteht der Sinn darin, den Träumen zu folgen und so das Leben zu leben, für das wir bestimmt sind. Lasst keinen Tag verstreichen, ohne euer Leben zu nähren, ohne die Schönheit der einfachen Dinge zu bemerken. Dank meiner Reisen um die Welt habe ich meine Wahrheit erkannt. Auf dieser schönen Reise namens Leben seid ihr der Kapitän eures eigenen Schiffes. Denn um den wahren Sinn des Lebens zu entdecken, muss man nicht nur handeln, sondern träumen und sich selbst treu bleiben. Wenn ihr auf die Stimme eures Herzens hört, werdet ihr es schaffen. Und mehr noch, ihr werdet euer neues Leben lieben und glückselig sein. Glück bedeutet leben, nicht existieren. Aufgrund meiner spirituellen Erfahrung kann ich sagen, dass es mehr gibt, als wir mit unseren Augen sehen können. Wir sollten ein wundervolles Leben führen, in dem wir lieben, was wir tun. Meine Lebensphilosophie ist: gönne jedem Menschen seinen Erfolg. Haltet Gefühle von Wut, Rache, Neid und auch den Vergleich mit anderen von eurem Geist und eurem Herzen frei. Und unterstützt immer andere, die eure Hilfe brauchen. Macht die Welt zu einem besseren Ort. Ihr habt die Wahl, den freien Willen. Konzentriert euch auf das, was ihr liebt und liebt andere bedingungslos. Ihr könnt euren eigenen Himmel oder eure eigene Hölle erschaffen – hier auf Erden. Es hängt von euch ab, was ihr aus eurem Leben macht. Das Leben ist ein Geschenk des Universums an uns. Was wir mit unserem Leben tun, ist das beste Geschenk, das wir an das Universum zurückgeben können. Folgt eurem Herzen und seid mutig, geht euren Weg und lebt!“

Lea Rieck, Journalistin, Abenteuerin

„Das ist eine schwierige Frage. Mir fällt es wahnsinnig schwer, einen tieferen Sinn des Lebens zu finden, weil man diesen ja auf so unterschiedliche Weise erfahren kann. Ich glaube für mich persönlich liegt er darin, meine eigene Zufriedenheit zu finden und zu versuchen, ein einiger Maßen guter Mensch zu sein. Jemand, der keine Angst vor den Gefahren neuer Erfahrungen hat und der mit den Herausforderungen, die das Leben so bereithält, gut umgehen kann. Ich sehe meine Aufgabe auch darin, andere Menschen zu inspirieren, ihre eigenen wahren Träume zu leben oder es zumindest einmal auszuprobieren.“

Philosoph Richard David Precht, Philosoph und Bestseller-Autor

„Als Philosoph glaubt wirklich keiner an einen objektiven Sinn des Lebens. Wenn man jung ist, möchte man wissen: Was ist der Sinn des Lebens? Wenn man alt ist, stellt man sich die Frage: Hat mein Leben einen Sinn gehabt? Und dann wird man sich selbst fragen müssen, ob das, was man der Welt gegeben hat, mehr aus guten Dingen bestand, mehr aus Liebe und Zuneigung, ob man Menschen hat helfen können. Oder ob man in erster Linie anderen Menschen im Weg stand und Anlass zum Ärgernis geboten hat. Ich hoffe, dass ich noch lange genug lebe, um irgendwann sagen zu können, dass mein Leben, so wie ich es gelebt habe, einen Sinn hatte. Das ist aber dann nicht der Sinn des Lebens, sondern mein Sinn des Lebens.“

Dr. Anselm Grün, Benediktinerpater und Bestseller-Autor

„Für mich ist der Sinn des Lebens, immer durchlässiger zu werden für den Geist Jesu und auf diese Weise die Menschen mit dem Geist Jesu in Berührung zu bringen."

Sabine Spethling, Techno-Lover, Reise- und Musikjournalistin

„Mein persönlicher Sinn des Lebens ist es, zu lieben. Wenn man alles herunterbricht auf das wirklich Wesentliche im Leben, dann geht es im Kern letztendlich immer um die Liebe, sie ist die Essenz von allem. Am Ende kommt es nur darauf an, wie sehr du deine Familie, deinen Beruf und dich selbst geliebt hast. Wenn das jeder umsetzen würde, dann sähe die Welt anders aus. Wichtig für ein sinnvolles und gelingendes Leben ist es für mich auch, nicht andere für unschöne Dinge verantwortlich zu machen, die mir im Leben passieren. Jeder trägt selbst die Verantwortung für sein Leben. Wenn Probleme auftauchen, stelle ich mir die Fragen: Was will mir das Leben damit sagen? Was kann ich daraus lernen? Was muss ich beachten? Und dann muss man wieder nach vorne schauen."

Hermann Scherer, Speaker, Coach und Bestseller-Autor

„Das ist eine Frage, mit der ich mich schon immer schwergetan habe. Der Sinn des Lebens ist für mich vielleicht, glücklich zu sein und möglichst viele Überwindungsprämien einzusammeln. Aber jetzt gebe ich Ihnen noch eine ganz andere Antwort. Seitdem ich meine Frau Kerstin vor zehn Jahren kennengelernt habe, hat sich auch meine Einstellung zum Leben völlig verändert. Kerstin Scherer ist hellsichtig, hellfühlig, hellhörig und Heilerin. Durch sie durfte ich erfahren, dass es Dinge zwischen Himmel und Erde gibt, von denen ich bis dahin keine Ahnung hatte und sie auch nie geglaubt hätte. Aber heute bin ich felsenfest davon überzeugt, dass es Dinge gibt, die wir noch nicht begreifen können. Ich war früher auch ein sehr ungläubiger Mensch und bin bereits mit 14 Jahren aus der Kirche ausgetreten. Heute glaube ich an etwas, das wir Gott nennen. Mein Herzenswunsch ist es, diese für uns unsichtbare Welt näher kennenzulernen. Weil ich glaube, dass da der Schlüssel zu allem verborgen liegt, auch zum Sinn des Lebens. Ich habe das Gefühl, dass hinter unserem Sein wesentlich mehr steckt und sich größere Geheimnisse dahinter verbergen, als wir uns an der Oberfläche bewusst werden. Deswegen habe ich große Freude daran, diese Welt weiter zu erforschen."

Margot Käßmann, Theologin und ehemalige Generalsekretärin des Deutschen Evangelischen Kirchentages

„Ich möchte die Jahre, die mir geschenkt sind, eines Tages in Frieden in Gottes Hand zurücklegen und sagen: Ich habe mich bemüht, das Beste daraus zu machen, Verantwortung zu übernehmen für andere Menschen und die Welt. Und bei allem Scheitern, dass es immer auch gibt, bin ich schlicht dankbar für die Zeit."

Rudolf Schenker, Musiker, Gründer und Gitarrist der Scorpions

„Wenn wir davon ausgehen, dass wir nicht nur ein Leben haben – weil Materie vergeht, der Geist aber nicht – wie es in verschiedenen Religionen dargestellt wird, dann ist das eine ganz einfache Sache. Der Sinn des Lebens besteht darin, aus unseren Erlebnissen zu lernen, uns weiterzuentwickeln und wieder zu unserem Ursprung zurückzukommen, nämlich zu endlosem Geist.

Dass wir Erlebnisreisen abschließen und in Geist übergehen, bis der Kreislauf eines Tages wieder neu anfängt. So ist das nun mal im Leben. Wenn wir das Beste daraus machen, dann haben wir eine schöne Reise durch das Leben. Und wenn nicht, dann müssen wir uns durch das Leben schlagen. Aber es muss nicht sein, dass alles nur aus Leid, Belastungen und Weinen besteht. Der Sinn des Lebens ist es eben auch, das Beste daraus zu machen und Freude zu bringen. Du bist geschaffen worden, nicht um dein Leben wegzuwerfen, sondern es in seiner besten Form, die du zur Verfügung hast, erleben zu können. Also: ‚Rock your life!'"

Paul Johannes Baumgartner, Radio-Moderator und Keynote-Speaker

„Meinen persönlichen Sinn des Lebens sehe ich darin, die größtmögliche Freude in allem, was ich tue, zu erlangen. Dabei möchte ich immer neugierig, hungrig, und wissbegierig bleiben. Und mein Leben nicht mit dem erreichten Status quo über die Runden bringen."

Nicola Schmidt, zweifache Mutter, Wissenschaftsjournalistin und Bestseller-Autorin

„Es gibt einen Spruch von dem amerikanischen Coach Brendon Burchard, der für mich vieles gut auf den Punkt bringt: ‚Live, love and matter!' Für mich ist es wichtig zu leben. Und zwar nicht, wie auf Autopilot geschaltet durch meine Tage zu rennen, sondern das Leben ganz bewusst und achtsam wahrzunehmen. Zu lieben ist essenziell, denn ich bin ein soziales Lebewesen und wenn ich nicht liebe, dann lebe ich nicht. Wichtig ist für mich auch ‚to matter', also etwas zur Gesellschaft beizutragen, von Bedeutung zu sein, etwas zu verändern und die Welt etwas besser zu verlassen, als man sie vorgefunden hat. Meine Sorge war immer, was ich auf dem Totenbett antworten werde auf die Frage: Was hast du eigentlich mit der Zeit gemacht, die man dir geschenkt hat? Deswegen habe ich wirklich ein starkes Bedürfnis zu sagen: Ich möchte einen Unterschied machen. Als ich mein erstes Buch geschrieben habe, kamen mir immer wieder Zweifel. Ich dachte: ‚Das ist mir zu viel, ich lass das'. Der Vater meiner Kinder hat damals immer gesagt: ‚Nicola, wenn dieses Buch nur einer Familie und einem Baby hilft, würdest du dann zurück zu deinem Schreibtisch gehen?'. Und die Antwort lautete natürlich: ‚Ja!' Dann bin ich zurück an meinen Schreibtisch gegangen und habe weitergeschrieben. Heute wurden meine Bücher fast 500.000-mal verkauft, und ich habe so viel positives Feedback von Familien erhalten. Das ist, finde ich, der wahre Sinn des Lebens: den Menschen etwas zu schenken."

Peter Prange, Bestseller-Autor („Unsere wunderbaren Jahre")

„Es gibt keinen vorgegebenen Sinn des Lebens. Der einzige Sinn des Lebens besteht für jeden Einzelnen darin, dass er sich seinen eigenen Sinn erschaffen muss. Und das kann ich als Autor natürlich in besonderer Weise. Ich gestalte ja ganze Welten, da bin ich ja ein bisschen wie der liebe Gott. Denn der Autor ist in einem Buch allgegenwärtig, aber unsichtbar. Dasselbe wie der liebe Gott in der Welt. Und so versuche ich mir und meiner Existenz Sinn zu verleihen, indem ich versuche, die Sinnhaftigkeit von Geschichten darzustellen, um daraus selber etwas zu lernen. Wenn die Menschen, die diese Geschichten lesen, darin vielleicht auch einen Sinn erkennen können, und dieser in irgendeiner Weise auch ihr eigenes Leben bereichern kann, dann ist die Plackerei nicht ganz vergebens gewesen."

Kathrin Sohst, Autorin und Coach

„Ich habe mir diese Frage als Jugendliche und junge Frau sehr oft gestellt. Bis ich irgendwann zu dem Schluss kam, dass meine Antwort relativ einfach ist. Der Sinn des Lebens ist für mich das Leben selbst mit so viel Liebe wie möglich zu leben und auf meinem Weg zu bleiben – gemeinsam mit anderen. Dazu gehört auch, die Polarität des Lebens annehmen zu können: Nacht und Tag, Dunkelheit und Licht, Sonne und Regen, Pause und Wachstum, Angst und Liebe. Es geht nicht um Perfektion, sondern um menschliche Erfahrungen und natürliche Zyklen."

Leo Martin, Ex-Geheimagent und Bestseller-Autor

„Mein Leben ist dazu da, um mir schöne Momente zu machen. Mein Lebensziel ist es nicht, auf eine Penthouse-Wohnung in London hinzuarbeiten. Was treibt mich an, wenn ich morgens aufstehe? Ich habe Bock auf die Sachen, die ich mache. Ich muss mich nicht groß motivieren, an meinen Unternehmen zu arbeiten, sondern ich habe Lust darauf. Weil ich nur noch Sachen mache, die für mich einen Sinn haben. Das ist die größte Freiheit, die ich in der Selbstständigkeit gewonnen habe. Dabei bin ich trotzdem sehr leistungs- und erfolgsorientiert. Natürlich gehört es dazu auch, Dinge zu tun, die weniger Spaß machen. Aber auch die zahlen auf das Konto ein, um mein Ziel zu erreichen. Nach zehn Jahren in der Schattenwelt ist das Leben an der Sonne einfach schön!"

Dr. med. Pablo Hagemeyer, Psychiater, netter Narzisst und Bestseller-Autor

„Das ist eine gute Frage! Der Sinn des Lebens hat für mich sehr viel mit Evolution zu tun. Wir stammen alle aus einer stofflichen, unbelebten Welt, auf deren Basis sich die belebte und die psychische Welt entwickelt hat. Auch in der Welt der Psyche optimieren wir uns immer mehr, das ist Evolution. Ich denke, das Spirituelle ist nur eine Emergenz aus diesem Ganzen. Wir denken, dass es da etwas Höheres gibt, und es fühlt sich auch so an. Aber auf die Frage, ob es einen Gott gibt, würde ich als Wissenschaftler eher antworten, das kann nicht sein. Gott ist eher eine Projektion von uns selbst. Wir werfen wie ein Filmprojektor ein Bild an die Wand und sehen da ein überhöhtes Bild von uns selbst, das uns tröstet. Wir denken, da ist jemand, der auf uns aufpasst. Damit stärken wir unseren Selbstwert und die Selbstsicherheit. Aber letztendlich sind wir es selbst, die diese Projektion auslösen. Das sagen auch viele Psychoanalytiker, dass es Gott nicht gibt oder nicht zu geben braucht. Wenn ich dagegen einen Teil in mir betrachte, der gerne hätte, dass es so etwas wie Transzendenz gibt, dann würde mich das auch nicht stören, wenn es so etwas tatsächlich gäbe. Also einen größeren Architekten oder einen größeren Sinn hinter allem."

Marius Kursawe, Autor und Coach

„Das ist schwer zu beantworten. Ein Gedanke, der mich immer angetrieben hat, war die Maxime, niemals Lebenszeit zu verschwenden. Und Arbeitszeit ist Lebenszeit. Ich glaube außerdem, dass wir dazu aufgefordert sind, unsere wahren Talente und Fähigkeiten zu leben und nicht brachliegen zu lassen. Dass wir uns außerdem mit Dingen beschäftigen, für die wir brennen. Und wenn diese Aspekte dazu beitragen, dass wir die Welt auf diese Weise ein Stückchen zum Besseren verändern, dann sind wir, glaube ich, auf einem guten Weg."

Guido Ernst Hannig, Diplom-Betriebswirt und Berufscoach

„Für mich liegt der Sinn des Lebens generell darin, seine Berufung zu finden und sie auch im Berufsleben zu verwirklichen. Und dabei die Trennlinien zwischen Arbeit und Freizeit abzubauen. Das ist eine fortwährende und sicher nicht immer einfache Aufgabe. Gerade wenn es stürmisch wird, kann der persönliche Sinn Halt und Orientierung geben. Mein ganz persönlicher Sinn des Lebens kommt sehr schön in folgendem Zitat von Hermann Hesse zum Ausdruck. Daran mag ich weiter hoffen und glauben: ‚Sinn erhält das Leben einzig durch die Liebe.' Das heißt: Je mehr wir zu lieben und uns hinzugeben fähig sind, desto sinnvoller wird unser Leben."

Nina Kalmund, Architektin und High Performance Coach

„Auf Englisch würde ich an dieser Stelle sagen wollen: ‚To live to the full' – das ist der Sinn des Lebens für mich und das treibt mich an. Das mag zunächst banal klingen, ist aber nicht banal. Für mich bedeutet es, bewusst zu leben, in guten Zeiten und in schlechten Zeiten ‚bei mir' zu bleiben. Meinen Werten die Treue halten, nicht hadern, dankbar sein, das Schöne und das Gute wahrzunehmen. Die Schmerzen und das Ungute ertragen zu können, Freundschaften pflegen. Die Größe zu haben, über meinen Schatten zu springen, über mich selbst hinauszuwachsen. Zu vergeben, bescheiden zu bleiben und zu lieben, was das Zeug hält, bis zu meinem letzten Atemzug. Für mich ist der Sinn des Lebens auch gleichbedeutend mit meiner persönlichen Definition von Erfolg: das meiste aus meinem Potenzial zu machen. Ich hoffe, es ist noch ein weiter Weg!"

Dr. Ulrich Ott, Neurowissenschaftler und Meditationsforscher

„Für mich besteht der Sinn des Lebens darin, mich selbst zu erkennen und so zu sein, wie ich wirklich bin. Wir alle sind durch unsere Lebenserfahrungen geprägt. Wir haben ein Drehbuch für unser Leben und unzählige Vorstellungen im Kopf. Dadurch verlieren wir nur allzu leicht den Kontakt zur lebendigen Wirklichkeit. Sich von diesen Konzepten zu befreien, lebendig zu werden und wach zu sein in jedem Moment, darum geht es aus meiner Sicht."

Axel Hacke, Bestseller-Autor und Kolumnist des Süddeutsche Zeitung Magazins

„Der Sinn des Lebens wird uns nicht auf Bestellung geliefert. Wir selbst müssen unserem Leben einen Sinn geben, jeder für sich. Ich sehe ihn in meiner Arbeit, darin, aus meinen Talenten durch Anstrengung das Beste zu machen. Und ich sehe ihn im Zusammenleben mit anderen, meiner Frau, meiner Familie, meinen Freunden, in einem anständigen, maßvollen Leben."

Stefanie Stahl, Psychologin und Bestseller-Autorin

„Ich glaube, dass das Leben per se keinen Sinn hat. Ich bin auch nicht gläubig. Und dann muss man für sich selbst einen persönlichen Sinn innerhalb der Sinnlosigkeit des Daseins finden. Dazu gehört natürlich immer, die Welt ein Stück weit zu verbessern."

Anselm Bilgri, ehemaliger Benediktinermönch und Prior im Kloster Andechs, Unternehmensberater und Buchautor

„Mich erfüllt, was ich gelernt und was ich mir erarbeitet habe. Nicht nur in der Schule und Ausbildung, sondern vor allem durch das Tun, durch den Umgang mit Menschen. Meine Erfahrungen an andere Menschen weiterzugeben, ist mein innerster Antrieb. Im Grunde genommen wollen alle Menschen glücklich werden. Wenn man sich umsieht, fragt man sich jedoch, warum viele genau das Gegenteil von dem tun, was sie glücklich machen könnte. Ich möchte anderen Menschen dabei helfen, zu entdecken, wie man glücklich werden kann. Letztendlich ist das größte Glück, mit dem zufrieden zu sein, was man ist."

Christa Spannbauer, Autorin, Journalistin und Filmemacherin

„Ich bin sehr von dem großen Humanisten und Shoah-Überlebenden Viktor Frankl geprägt, der einmal sagte, dass es weniger darauf ankäme, was wir vom Leben wollen, sondern vielmehr auf das, was das Leben von uns will. Diesem Ruf des Lebens möchte ich Folge leisten. Indem ich jeden Tag sehr aufmerksam hinsehe und hinhöre, was das Leben heute für mich bereithält und was es in der jeweiligen Situation von mir will."

Richard Wolff, Unternehmensberater, Coach und Autor

„Ich bin als Flüchtlingskind aufgewachsen. Meine Eltern waren arme Leute aus Schlesien, die nicht viel Geld hatten und mir trotzdem eine gute Ausbildung und ein Studium ermöglicht haben. Das möchte ich als Vater gerne an meine Kinder zurückgeben. Ich sehe meinen Sinn darin, meinen Kindern eine möglichst gute Ausbildung zu ermöglichen, sie zu unterstützen, aber auch zu fordern. Das macht das Ganze für mich rund. Das ist meine Philosophie und andere Menschen mögen ihren Sinn in anderen Dingen sehen. Außerdem macht mir meine berufliche Aufgabe wirklich Spaß. Es ist für mich eine Erfüllung zu arbeiten und Bestätigung zu bekommen. In der Arbeit Leidenschaft zu spüren und Dinge zu tun, die man gut kann, das macht Sinn!“

Thomas Biller, Geschäftsführer, „School of Life“ in Berlin

„Das ist eine gute Frage, die ich ad hoc gar nicht beantworten kann. Außer vielleicht, dass der Sinn des Lebens das Leben selbst ist. Meine Erkenntnis der letzten Jahre ist, dass es für mich keinen abstrakten Sinn des Lebens gibt. Ich versuche jeden Tag, das Leben einfach so zu nehmen, wie es kommt, und möchte mir auch nicht mehr so viele Gedanken darüber machen, was in der Zukunft sein wird. In meiner Zeit als Fernsehproduzent war ich sehr ehrgeizig und hatte sehr viele Pläne. Heute achte ich mehr darauf, dass der Moment stimmig ist und alle Menschen, die mir wichtig sind, wie zum Beispiel meine Kinder, ihren Platz in meinem Leben finden.“

Dr. Lars Jaeger, Autor zur Wissenschaftsgeschichte, Physiker und Philosoph

„Wenn Sie meinen, dass mich die Beschäftigung mit dem Thema Spiritualität und Wissenschaft einer Antwort auf diese Frage näher gebracht hat, so muss ich Sie leider enttäuschen. Aber ich meine, dass die folgenden Dinge auf jeden Fall wichtige Komponenten für den Sinn des Lebens sind:

- unkorrumpierbare Suche nach Wahrheit
- tiefere Erkenntnisse über diese Welt und die Natur meines Geistes – die Buddhisten sprechen auch von ‚Befreiung‘ oder ‚Erleuchtung‘
- klare ethische Wertvorstellungen im Handeln und Denken
- Mitgefühl mit Menschen und anderen fühlenden Wesen
- Erfahrung von Liebe und Zusammengehörigkeit
- die Erfahrung von Freude und Empfindung von Glück
- Erziehung von Kindern zu ‚guten Menschen‘.“

Dr. Sylvester Walch, Psychotherapeut, Philosoph und Autor

„Dem Leben so zu vertrauen, wie es sich vollzieht. Heute sehe ich in allem, was passiert, eine Anregung und eine Hilfe, Sinn zu entfalten und dem Eigentlichen im Leben mehr Raum zu geben. Ich betrachte es auch als Sinn meines Lebens, Menschen zu begleiten, um ihre Heilung und ihr spirituelles Wachstum zu unterstützen. In einem größeren Kontext ist es meine Aufgabe, zwischen Spiritualität, Wissenschaft und Psychotherapie Brücken zu bauen und die generelle Dialogbereitschaft in diesem Bereich zu fördern. Darüber hinaus ist es für mich auch wichtig, für meine Familie und meine Kinder da zu sein, wenn sie mich brauchen. Im Alltag kleine Schritte der Achtsamkeit zu üben, dem Weg des Herzens zu folgen, sowie Stimmigkeit und Wahrhaftigkeit zu vermehren, hilft mir, dem größeren Ganzen zu dienen und damit dem natürlichen Sinn des Lebens Raum zu geben.“

Reinhard Gorenflos, ehemaliger Finanzinvestor und Gründer der Stiftung TuaRes

„Wer wie viele Menschen in Afrika in Armut lebt und seine Familie durchbringen muss, für den ist das Überleben ein harter Kampf. Ich bin privilegiert, diesen Kampf nicht führen zu müssen und mehr Möglichkeiten zu haben als andere. In meinem Leben stehen Werte wie Dankbarkeit und der Wunsch im Vordergrund, vernünftig und mit Anstand zu handeln. Dazu gehört für mich auch, meinen Wohlstand mit anderen zu teilen. Es gibt mir Sinn, mit meiner Stiftung der Gesellschaft etwas zurückzugeben und aktiv einen Beitrag dazu zu leisten, das Umfeld, in dem wir leben, ein bisschen friedlicher und besser zu machen."

Eva-Maria Zurhorst, Bestseller-Autorin und Beziehungsberaterin

„Meinen persönlichen Lebenssinn sehe ich darin, meinem Herzen immer treuer zu werden und immer mehr von innen nach außen statt von außen nach innen zu leben. Das ist das Einzige, das wirklich glücklich macht. Und das Geheimnis dieses Glücks möchte ich teilen – mit meinem Mann, unserer Tochter und den Menschen, die zu uns kommen. Ich möchte ihnen zeigen: Wenn du dich liebst, hast du die Chance, zu einem wirklich liebenden Paar zu werden. Und ein Paar, das wirklich liebt, verändert nicht nur sich, sondern alles um sich herum: Den Job, seinen Umgang mit dem Leben, und vor allem ist dieses Paar ein lebendiges Beispiel für seine Kinder. Denen helfen wir nicht, wenn wir tote Harmonie vorspielen oder als Zweckgemeinschaft zusammenbleiben nur um des Zusammenbleibens willen. Unsere Kinder brauchen uns als Vorbilder. Sie schauen sich die Liebe ab und nehmen sie auf – genauso wie Pflanzen die Sonne. Mehr Liebe in die Welt zu bringen, ist das Wichtigste überhaupt. Vor allem in unserer Zeit. Wir brauchen mehr liebesfähige Menschen."

Janice Jakait, Autorin und Abenteuerin

„Der Sinn des Lebens ist zu leben und zu lieben. Wir sind hier, um zu erleben und um zu fühlen. Und jeder Sinn, den mein Leben haben kann, ist nur der, den ich ihm selbst gebe. Jeder Mensch hat seinen eigenen Weg, seine Berufung und die Aufgabe, sich zu entfalten. Für jeden Menschen mit seinen individuellen Eigenschaften gibt es einen Ort – wenn er dort ankommt, dann lebt er in seiner Fülle, dann kann er frei sein. Um dort hinzukommen, muss er fließen, sich dem Leben hingeben und so sein, wie er eben ist."

Robert Betz, Bestseller-Autor und Diplom-Psychologe

„Der Sinn des Lebens liegt in meinen Augen darin zu entdecken, wer und was wir wirklich – das heißt von Natur aus – sind: Wesen der Liebe, ausgestattet mit grenzenloser Schöpferkraft und unendlicher Liebesfähigkeit. Dies tun wir, indem wir mit uns und vielen Mitmenschen emotionale Erfahrungen machen, die uns letztlich zu uns selbst, zur Wahrheit unseres Herzens führen. Wir gehen mit sehr begrenzten Gedanken des Müssens, Sollens und Nicht-Dürfens ins Leben und in vielen ‚alten Schuhen' durchs Leben, die wir von den Generationen vorher übernommen haben. Über diese uns so begrenzenden Muster des Denkens, Fühlens, Sprechens und Handelns können wir zu einem selbstbestimmten, selbstbewussten Menschen hinauswachsen, der in Liebe zu sich selbst und zu seinen Mitmenschen seinen Weg geht. Was bin ich, wozu bin ich auf der Erde? Was will ich hier? Was ist der Sinn meines Lebens? Das sind die wichtigsten Fragen. Die meisten Menschen beantworten diese Fragen ihr Leben lang nicht, da herrscht oft großes Schweigen. Ich darf mich öffnen für die Stimme meines Herzens, die uns jederzeit signalisiert, was sich stimmig, rund und mit Freude verbunden anfühlt. Ich entscheide mich für eine Arbeit, bei der mein Herz die größte Freude hat. Ich verpflichte mich der Stimme meines Herzens und höre auf, Unstimmiges zu machen. Und vertraue auf sie. Wir erhalten Kraft aus der Erde, aus dem Kosmos und aus dem Herzen, das sind die drei großen Kraftquellen. Deswegen steht im Zentrum meiner Arbeit die Liebe. Wir sind von Haus aus Wesen der Liebe, Wesen des Herzens. Am Ende des Lebens werden wir alle auf dieses zurückschauen. Und ich wünsche jedem, dass er dann nichts zu bereuen oder zu bedauern hat. Dass er sagen kann: ‚Ich bin meinem Herzen gefolgt. Ich war mir selbst treu. Und ich lobe mich für diesen mutigen Weg durch meine Höhen und Tiefen. Jetzt kann ich in Dankbarkeit und Vertrauen loslassen und meinen Weg nach Hause antreten.'"

Gina Schöler, selbst ernannte Glücksministerin und Buchautorin

„Ein wichtiges Zitat meines Vaters, mit dem mein Bruder und ich aufgewachsen sind, ist ‚Life is too short for boring music'. Leben ist jetzt. Mach was draus. Habe Spaß. Nimm es wahr, verschwende keine Zeit, erfülle deine Träume, sei verrückt. Dreh die Musik auf. Tanze. Mein persönlicher Sinn des Lebens ist es, zu leben. Alles aufsaugen, wahrnehmen, fühlen. Ich möchte Geschichten erzählen können. Ich möchte die Welt sehen, ich möchte lieben, lernen, lachen. Ich möchte nichts bereuen – getan zu haben oder auch nicht getan zu haben. Mutig sein. Pläne schmieden und sie umsetzen. Spontan sein. Glücklich sein."

Übung 7: Auf einen Blick – die Balanced Scorecard deines Lebens

In den bisher insgesamt sechs Übungen und 24 Worksheets hast du dich intensiv mit der Selbsterforschung und Selbsterkenntnis auseinandergesetzt und deine wahren Lebenswünsche aus den Tiefen des Unterbewusstseins ans Tageslicht gefördert. Nun geht es für dich darum, dir einen klaren Überblick über die wichtigsten Punkte und Elemente deines ganz persönlichen Sinns des Lebens zu verschaffen. Im ersten Schritt erstellst du nun eine Balanced Scorecard deines Lebens, mit allen zentralen Punkten auf einen Blick.

Der Begriff „Balanced Scorecard" stammt aus der Betriebswirtschaftslehre und wurde in den frühen 1990er-Jahren von dem Wirtschaftswissenschaftler Robert S. Kaplan und dem Unternehmensberater David P. Norton[126] entwickelt. Die Idee dahinter ist, die strategischen Ziele und Kennzahlen eines Unternehmens auf einfache Weise sichtbar zu machen, die für die Planung und Strategieumsetzung wichtig sind – und das alles idealerweise grafisch ansprechend und übersichtlich auf einem Blatt dargestellt.

Kaplan und Norton hatten festgestellt, dass die bisherigen klassischen Kennzahlensysteme meist viel zu umfangreich und kompliziert waren, um schnell zu sehen, was für die erfolgreiche Entwicklung des Unternehmens wirklich wichtig ist. Die Balanced Scorecard stellt die wichtigsten Ziele, die Strategie, Vision und Mission eines Unternehmens mit den zentralen Kennzahlen dar, sodass sie von allen Mitarbeitern auf einen Blick verstanden werden.

Inspiriert von diesem bewährten Konzept erstellst du nun die Balanced Scorecard deines Lebens, mit den für dich persönlich wichtigsten Zielen, deiner Vision und Strategie.

WORKSHEET 25:
Deine persönliche Balanced Scorecard

Zentrale Aspekte deiner persönlichen Balanced Scorecard ist die Quintessenz der bisherigen Übungen zu folgenden Bereichen: mein objektiver Sinn des Lebens (Einstellung zu Gott und der Welt), meine übergeordneten Lebensziele, meine wichtigsten Werte sowie meine wichtigsten Stärken.

Deshalb ist ein Blick zurück auf die bereits ausgefüllten Worksheets erforderlich, um deine Balanced Scorecard zu erstellen. Jetzt kommt es darauf an, in der Gesamtschau noch einmal alle Aspekte genau zu überprüfen, zu überdenken und gegebenenfalls zu verändern. Die Prioritäten anzupassen oder durch wichtigere Punkte zu ersetzen.

Achte jedoch darauf, hier nur kurze Stichpunkte einzutragen, um die Übersichtlichkeit zu gewährleisten. Weitere Details zu den einzelnen Punkten kannst du jederzeit in den bisherigen detaillierten Worksheets nachlesen.

Um dir das Ausfüllen zu erleichtern, findest du bei jedem auszufüllenden Platzhalter einen Verweis auf die entsprechenden Worksheets (WS) und Fragen (F).

1. Mein objektiver Sinn des Lebens (Einstellung zu Gott und der Welt):

Hinweise:

Für Menschen, die an Gott glauben: WS: 1, F: 5–8

Für Agnostiker: WS: 2, F: 8–10

Für Atheisten: WS: 3, F: 7–9

2. Meine übergeordneten Lebensziele:

Hinweise: WS: 5, F:1; WS: 7, F:1; WS: 9, F: 2, 12

3. Meine wichtigsten Werte:

Hinweise: WS: 15, 16

4. Meine wichtigsten Stärken:

Hinweise: WS: 9, F:11; WS: 10–12, jeweils F: 9; WS: 13, F:10

WORKSHEET 26:
Die Balanced Scorecard deiner vier Lebensbereiche

Die zweite Balanced Scorecard fokussiert auf die wichtigsten Aspekte deiner vier zentralen Lebensbereiche und fasst diese auf einer Seite zusammen: Beruf und Berufung, zwischenmenschliche Beziehungen (Liebe, Beziehung, Familie und Freunde), Gesundheit (auch Sport, Persönlichkeitsentwicklung und Work-Life-Balance) sowie Freizeit (Hobbys, Sport, Kultur, Kreativität, Unterhaltung, Reisen und Abenteuer). Trage bitte hier nur die zentralen Stichpunkte ein. Auch hier findest du jeweils Verweise auf die entsprechenden Worksheets (WS) und Fragen (F).

1. Beruf und Berufung:

Bewertung (1–10) (WS: 10, F: 1): Ist: Soll:

Ziele (WS: 10 F: 6; Übung 6):

Bisherige Erfolge (WS: 10, F: 4):

Stärken (WS: 10, F: 9):

Werte (WS: 16, F: 1):

2. Zwischenmenschliche Beziehungen:

Bewertung (1–10) (WS: 11, F: 1): Ist: Soll:

Ziele (WS: 11, F: 6):

Bisherige Erfolge (WS: 11, F: 4):

Stärken (WS: 11, F: 9):

Werte (WS: 16, F: 2):

3. Gesundheit:

Bewertung (1–10) (WS: 12, F: 1): Ist: Soll:

Ziele (WS: 12, F: 6):

Bisherige Erfolge (WS: 12, F: 4):

Stärken (WS: 12, F: 9):

Werte (WS: 16, F: 3):

4. Freizeit:

Bewertung (1–10) (WS: 13, F: 1): Ist: Soll:

Ziele (WS: 13, F: 6):

Bisherige Erfolge (WS: 13, F: 4):

Stärken (WS: 13, F: 10):

Werte (WS: 16, F: 4):

Übung 8:
Dein Mission Statement, dein Warum und dein Lebensmotto

Nun geht es darum, die Essenz deines persönlichen Sinns des Lebens herauszudestillieren und in einige kurze, pointierte und motivierende Statements zu gießen: dein persönliches Mission Statement, dein persönliches Warum sowie dein persönliches Lebensmotto. Gehe dazu noch einmal die Unterlagen der letzen Übungen durch und lasse diese auf dich wirken.

Das **Mission Statement** ergibt sich aus deinen Fähigkeiten, deinen Stärken und deinem Potenzial sowie aus dem, wodurch du die Welt durch dein Wirken bereichern kannst. Es beschreibt deine zentrale Lebensaufgabe, warum du hier bist, was deine Mission im Leben und dein Grund des Daseins ist. Dieser Begriff stammt aus der Betriebswirtschaftslehre und bedeutet laut Cambridge Dictionary[127] eine kurze schriftliche Beschreibung der Ziele eines Unternehmens. Es ist ein knappes griffiges Unternehmensleitbild, das den Zweck und die Mission einer Organisation auf den Punkt bringt. Der US-amerikanische Bestsellerautor und NLP-Trainer Tony Robbins[128] hat diesen Begriff auf das Coaching übertragen.

Hier einige Beispiele dafür:

- Google: „To organize the world's information and make it universally accessible and useful."
- Tesla: „To accelerate the world's transition to sustainable energy."
- Wal-Mart: „We save people money so they can live better."[129]

Das Warum bringt deine Motive und Werte hinter deiner Lebensmission zum Ausdruck, also was oder wer dich antreibt und warum du tust, was du tust. Der britisch-US-amerikanische Autor und Unternehmensberater Simon O. Sinek hat sich umfassend mit diesem Thema im unternehmerischen Umfeld auseinandergesetzt und seine Thesen in dem Buch „Finde dein Warum“[130] zusammengefasst.

Das Lebensmotto ist eine motivierende Ergänzung, das für dein Leben eine besondere energiespendende Rolle spielt. Es kann ein Spruch oder ein Zitat sein, das eine besondere Bedeutung für dich hat und zu dir passt. Um das richtige Lebensmotto zu finden, kannst du dich gerne auf SinndesLebens24[131] inspirieren lassen. Dort gibt es ausgewählte Zitate zu verschiedenen Themen. Gib am besten in der Suchfunktion den Begriff „Zitate“ ein.

WORKSHEET 27:
Dein Mission Statement, dein Warum und dein Lebensmotto

Bringe nun deine Antworten jeweils in höchstens zwei bis drei Sätzen möglichst griffig, pointiert und motivierend formuliert auf den Punkt.

Mein Mission Statement:

Meine zentrale Lebensaufgabe, meine Mission im Leben,
mein Grund des Daseins

Mein Warum:

Warum tue ich was ich tue, was treibt mich an?
Meine zentralen Motive und Werte

Mein Lebensmotto:

Motivierender Spruch oder Zitat

Übung 9: Dein persönlicher Sinn des Lebens

Jetzt geht es darum, aus den zentralen Punkten der letzen drei Übungen einen ausformulierten, zusammenhängenden und inspirierenden Text zu schreiben. Er enthält in deinen eigenen Worten: was das Leben für dich ausmacht, warum du hier bist, in welchen Kontext dein Leben eingebunden ist, deine Vision und Mission im Leben und wie du dein ureigenes Potenzial entfalten möchtest. Es ist eine Art persönliches Glaubensbekenntnis, ein persönliches Manifest und kraftspendendes und motivierendes Statement zu deinem ureigenen Sinn des Lebens.

Der Dynamik des handschriftlichen Aufschreibens kommt eine ganz besondere Bedeutung zu. Erstens ist die Handschrift im Gegensatz zur Druckschrift ein unverwechselbarer Ausdruck deiner Persönlichkeit. Eine Art Fingerabdruck, so einzigartig wie unser persönlicher Sinn des Lebens. Zweitens werden beim schwungvollen Schreiben mit einem Bleistift, Kugelschreiber oder Füller deutlich mehr Bereiche im Gehirn stimuliert als beim Tippen auf der Tastatur. Es setzt mehr Kreativität frei und das Geschriebene bleibt besser im Gedächtnis.

WORKSHEET 28: Dein persönlicher Sinn des Lebens

Nimm dir dazu die letzten drei Worksheets – WS 25: „Deine persönliche Balanced Scorecard“, WS 26: „Die Balanced Scorecard deiner vier Lebensbereiche“ sowie WS 27: „Dein Mission Statement, dein Warum und dein Lebensmotto“ – zur Hand, lies diese noch einmal sorgfältig durch und lass die Worte auf dich wirken.

Starte deinen Text am besten mit den Ergebnissen von WS 27: „Dein Mission Statement, dein Warum und dein Lebensmotto“. Dann setze den Text fort mit deinem objektiven Sinn des Lebens (Einstellung zu Gott und der Welt), deinen übergeordneten Lebenszielen sowie den wichtigsten Werten und Stärken.

Bei den Informationen aus der Balanced Scorecard deiner vier Lebensbereiche ordne diese nach Wichtigkeit und starte mit dem für dich persönlich wichtigsten Bereich.

Versieh das Blatt am Ende des Textes mit Datum und Unterschrift, wie bei einem amtlichen Dokument. So sorgst du für mehr Verbindlichkeit und siehst später wieder, wann du dein Manifest zu deinem persönlichen Sinn des Lebens geschrieben hast.

Mit diesem ausformulierten Text und den kurzen, aber kraftvollen Statements zu deiner Lebensaufgabe, deinem Warum und deinem Lebensmotto sowie der Balanced Scorecard als Überblick hast du nun alle wichtigen Aspekte deines persönlichen Sinn des Lebens dokumentiert. Du hast dir Klarheit über deine zentralen Wünsche und Ziele sowie über deine Vision und Mission im Leben verschafft und diese schriftlich festgehalten. Das setzt ungeahnte Kräfte frei, die nach der Verwirklichung deiner Ziele und der Umsetzung deiner Vision streben.

Kapitel 3
Handeln – ins Tun kommen und Umsetzung

Allem Anfang wohnt ein Zauber inne

Wer seinen Sinn des Lebens gefunden, seine zentralen Lebensaufgaben entdeckt und viele damit verbundene Ziele definiert hat, steckt nun sicher voller Energie und Tatendrang. Jetzt geht es darum, ins Tun zu kommen und mit der Umsetzung zu starten. „Und plötzlich weißt du: Es ist Zeit, etwas Neues zu beginnen und dem Zauber des Anfangs zu vertrauen.“[132]

Im ersten Enthusiasmus kommt es jedoch darauf an, sich nicht zu viel auf einmal vorzunehmen und sich nicht zu überfordern, sondern alles Schritt für Schritt anzugehen. Natürlich geht es nicht ohne Disziplin, aber wir sollten versuchen, alles möglichst ohne Zwang, sondern mit Leichtigkeit und Freude zu tun.

Wir sollten uns auch nicht davon abschrecken lassen, noch nicht in jedem Detail zu wissen, wie wir unsere Ziele erreichen können. Manches ist klar und liegt auf der Hand, anderes wird sich im Laufe der Zeit ergeben. Wichtig ist, den ersten Schritt zu tun, den Weg einzuschlagen und dem Prozess zu vertrauen. „Where focus goes, energy flows“[133], erklärte Tony Robbins. Wenn wir von einer Sache begeistert sind, uns informieren, recherchieren, uns in Social-Media-Gruppen mit Gleichgesinnten austauschen, Veranstaltungen besuchen und Networking betreiben, dann werden sich neue Türen öffnen und sich Chancen ergeben, die wir vorher nicht für möglich gehalten haben.

Natürlich werden wie auf jedem Weg immer wieder neue Hindernisse und Schwierigkeiten auftauchen, die es zu meistern gilt. Dann kommt es darauf an, sich nicht entmutigen zu lassen, nicht aufzugeben, sondern nach Lösungen oder neuen Wegen zu suchen, die uns unserem Ziel näherbringen. Je stärker das Ziel leuchtet und je stärker das Warum in uns brennt, desto größer sind auch unsere Triebkraft und die Bereitschaft, Strapazen dafür in Kauf zu nehmen. Denn wir wissen genau, warum wir es tun, und diese Quelle versorgt uns mit unendlich viel Kraft.

Im Folgenden möchte ich dir noch einige wichtige Tipps an die Hand geben, die dir dabei helfen, deine Lebensziele zu erreichen und nicht den Fokus zu verlieren. Doch bevor du dich auf deine persönliche Heldenreise begibst, werfen wir zunächst noch einen Blick darauf, was eine typische Heldenreise ausmacht.

Mythos Heldenreise: Joseph Campbells „Der Heros in tausend Gestalten“

Wir alle lieben Geschichten. Hatten sich in grauer Vorzeit die Menschen abends ums Lagerfeuer versammelt und gebannt Mythen, Göttergeschichten oder Heldensagen der Ahnen gelauscht, so vertiefen wir uns heute in fesselnde Bücher oder lassen uns im Kino von spannenden Blockbustern berauschen.

Uns faszinieren die Geschichten, wie Harry Potter über sieben Bücher oder acht Filme hinweg gegen seinen Erzfeind Voldemort kämpft und ihn schließlich besiegt. Wie sich Rocky vom Nobody zum Champion durchboxt oder Vivian in „Pretty Woman“ ihren Traumprinzen für sich gewinnt. Doch machen wir uns Folgendes bewusst: Das wirklich Spannende dabei ist nicht das Happy End, sondern der Weg dorthin, der von zahlreichen Hindernissen und Schwierigkeiten gepflastert ist. Je größer die Hürden, je extremer die Höhen und Tiefen und je unerreichbarer das Ziel am Anfang scheint, desto mehr fesselt uns die Story.

Natürlich sind all diese Geschichten extrem überspitzt und unrealistisch. Aber im Kern spiegeln sie verdichtet, übertrieben und durch plakative Charaktere in Szene gesetzt nur eines wider: Die Heldenreise jedes einzelnen Menschen in seinem ganz individuellen Leben – mit oder ohne Happy End. Sei es als Erfolgsgeschichte, Drama oder Tragödie.

Die wichtigste Message: Nichts läuft völlig reibungslos, auch und gerade für Superhelden nicht! Außerdem macht nicht erst das erreichte Ziel den zunächst meist unbedarften Anfänger zum Hero, sondern der lange, meist mühsame Weg dorthin. „Der Weg ist das Ziel“[134], wie der chinesische Philosoph Konfuzius sagte.

Joseph Campbell, der US-amerikanische Professor und Publizist auf dem Gebiet der Mythologie, hat den Stoff, aus dem die Helden sind, genauer unter die Lupe genommen. Er ging der Frage nach, was all die unterschiedlichen Heroen der Weltgeschichte aus Religion, Mythologie und Sagen wie Odysseus, Buddha, Odin, Jesus von Nazareth oder König Artus gemeinsam haben. Er fand heraus: Obwohl diese Helden zwar aus höchst unterschiedlichen Kulturkreisen und Epochen stammen, folgen sie im Kern doch alle einem gleichen universellen Muster. Sie alle lassen sich auf den einen Heros zurückführen, den Ursprung aller Mythen. Diesem ist Joseph Campbell in seinem 1949 erstmals erschienenen Buch „Der Heros in tausend Gestalten“[135] auf den Grund gegangen.

Dieses Konzept im Klassiker der Mythenforschung kann man jedoch nicht nur verwenden, um alte Geschichten zu verstehen, sondern vor allem auch dafür, neue zu erschaffen. So gilt das Buch inzwischen längst als Standardlektüre von Drehbuchautoren und Filmemachern in Hollywood. Einen großen Einfluss hatte Campbell etwa auf George Lucas, der die Original-Trilogie der „Star Wars“-Filme eng an den Motiven der Heldenreise ausrichtete. Besonders die zentralen Charaktere Luke Skywalker und Darth Vader basieren auf Figuren von Campbells Buch. Als George Lucas Mitte der 1970er-Jahre an den ersten Drehbüchern schrieb, suchte er auch den persönlichen Kontakt zu Campbell, der schließlich ein wichtiger Mentor und Freund für ihn wurde.

Doch was genau steckt hinter dem Heros in tausend Gestalten[136]? Von Beginn der Menschheit an bis heute folgen alle erfolgreichen Geschichten und Heldensagen bewusst oder unbewusst einer großen Mythen-Schablone. Immer geht es um eine zentrale Hauptfigur, die eine wechselvolle Entwicklung durchläuft. Sie muss Rückschläge einstecken, erlebt Enttäuschungen und zeigt Schwächen. Aber schließlich wächst sie an ihren Aufgaben. Am Ende gelingt es der Hauptfigur, ihr Potenzial zu entfalten und zum Helden zu werden.

In seinem sogenannten „Monomythos“ hat Campbell die Quintessenz herausdestilliert, die Grundstruktur aller Heldenreisen: Ruf zum Abenteuer, Aufbruch, Begegnung mit einem Mentor, Gefährten finden, Prüfungen, Entscheidungsschlacht und Rückkehr. Die zentralen Themen auf der Reise sind Initiation, Selbstverwirklichung und Reifeprozesse. Campbells Erkenntnisse bilden jedoch nicht nur das Muster für erfolgreiche Romane und Drehbücher, sie sind auch von bedeutender psychologischer Relevanz. Denn die Heldenreise spiegelt sich im Grunde genommen auch im Leben jedes einzelnen Menschen wider. Schließlich sind wir alle Helden unseres eigenen Lebens.

Dieser Zusammenhang beruht auf der Allgemeingültigkeit bestimmter psychologischer Grundsituationen. Zwischen Geburt und Tod durchläuft jeder Mensch verschiedene Phasen, in denen er mit bestimmten Herausforderungen konfrontiert wird. Diese kann er entweder bewältigen oder daran scheitern. Vor diesem

Hintergrund können Mythen dem Menschen eine lebenswichtige Orientierungshilfe geben, und auch das Werk von Joseph Campbell kann für jeden Menschen Inspiration für die eigene Sinnfindung sein: Seine Aufgabe im Leben zu erkennen, sich Herausforderungen zu stellen, daran zu wachsen und schließlich sein eigenes Potenzial zu entfalten. Die Mythen zeigen: Der Erfolg kommt nicht von allein, sondern er steht am Ende eines großen Abenteuers. Dem Abenteuer namens Leben.

Sehen wir uns die archetypische Grundstruktur der Heldenreise nun etwas genauer an. Sie ist durch eine typische Folge von Situationen und Figuren gekennzeichnet. Auslöser der Heldenfahrt ist meist ein Mangel oder ein Zusammenbruch vertrauter Lebensbedingungen. Sie treibt den Helden aus seiner gewohnten Umgebung fort. Der Heros bricht auf, um das Problem zu lösen. Oder wie Campbell formuliert, das Lebenselixier zu finden, mit dem das gestörte Gleichgewicht wiederhergestellt werden kann. Damit verbunden ist meist ein psychologisches Ziel, eine Erkenntnis oder ein Reifeprozess. Schließlich macht die Reise den Heros von einem abhängigen Geschöpf zu einem „selbstverantwortlichen Schöpfer seines Lebens“.

Hier die einzelnen Stationen der Heldenreise im Überblick, wie sie Joseph Campbell in seinem Klassiker „Der Heros in tausend Gestalten“ beschrieben hat.

Die Stationen der Heldenreise nach Campbell

Hier noch ein Gender-Hinweis: Das Wort Held sollten wir natürlich auch stets auf die Heldin beziehen sowie bestimmte weitere Begriffe auf die entsprechende weibliche oder männliche Form anpassen.

1. **Der Ruf des Abenteuers:** Eine wichtige Aufgabe erscheint plötzlich oder ein Mangel taucht auf.

2. **Weigerung:** Der Held zögert zunächst, dem Ruf zu folgen. Etwa, weil er nicht bereit ist, Sicherheiten aufzugeben.

3. **Übernatürliche Hilfe:** Der Held trifft unerwartet auf einen oder mehrere Mentoren, die ihm bei seiner Aufgabe helfen.

4. **Das Überschreiten der ersten Schwelle:** Schließlich überwindet der Held sein anfängliches Zögern und macht sich auf die Reise.

5. **Der Bauch des Walfischs:** Große Probleme treten auf, die den Helden zu überwältigen drohen. Nun wird ihm zum ersten Mal das volle Ausmaß seiner Aufgabe bewusst.

6. **Der Weg der Prüfungen:** Es treten weitere Probleme auf. Prüfungen und Auseinandersetzungen, die sich als Kämpfe gegen die eigenen inneren Widerstände und Illusionen erweisen können.

7. **Die Begegnung mit der Göttin:** Dem Helden wird die gegengeschlechtliche Macht offenbar.

8. **Die Frau als Versucherin:** Die Alternative zum Weg des Helden kann sich auch als vermeintlich sehr angenehme Zeit an der Seite einer verführerischen Frau offenbaren.

9. **Versöhnung mit dem Vater:** Der Held steht vor der Erkenntnis, dass er Teil einer genealogischen Kette ist. Er trägt das Erbe seiner Vorfahren in sich. Es kann auch sein, dass sein Gegner in Wahrheit er selbst ist.

10. **Apotheose:** In der Verwirklichung der Reise wird dem Helden offenbar, dass er göttliches Potenzial in sich trägt.

11. Die endgültige Segnung: Seine Mission ist erfüllt, der Heros hat das Elixier oder den Schatz empfangen oder geraubt. Damit könnte die Welt, aus der der Held aufgebrochen ist, gerettet werden. Dieser Schatz kann auch aus einer inneren Erfahrung bestehen, die durch einen Gegenstand (wie etwa einen Ring) symbolisiert wird.

12. Verweigerung der Rückkehr: Der Held zögert zunächst, in die Welt des Alltags zurückzukehren.

13. Die magische Flucht: Schließlich wird der Held doch durch innere Beweggründe oder äußeren Zwang zur Rückkehr bewegt. Diese vollzieht sich in einem magischen Flug oder durch Flucht vor negativen Kräften.

14. Rettung von außen: Eine Tat oder ein Gedanke des Helden auf dem Hinweg wird nun zu seiner Rettung auf dem Rückweg. Oft handelt es sich um eine empathische Tat einem vermeintlich „niederen Wesen" gegenüber, die sich nun auszahlt.

15. Rückkehr über die Schwelle: Der Held überschreitet wieder die Schwelle zur Alltagswelt, aus der er ursprünglich aufgebrochen ist. Er trifft auf Unglauben oder Unverständnis. Nun muss er das auf der Heldenreise Gefundene oder Errungene in das Alltagsleben integrieren.

16. Herr der zwei Welten: Schließlich vereint der Held das Alltagsleben mit seinem neu erworbenem Wissen. Damit verbindet er die Welt seines Inneren mit den äußeren Anforderungen.

17. Freiheit zum Leben: Am Ende hat das Elixier des Helden die „normale Welt" verändert. Indem er die Welt an seinen Erfahrungen teilhaben lässt, hat er sie zu einer neuen Freiheit des Lebens geführt.[137]

Also reihen wir uns nun auch selbst ein in diese endlos fortschreitende Heros-Riege der Menschheitsgeschichte. Und brechen selbst zu einer bedeutenden Heldenreise auf, der Heldenreise unseres ganz persönlichen Lebens!

Wie wichtig es für jeden Menschen ist, seine Mission im Leben zu finden und ihr zu folgen, hat Joseph Campbell unter anderem auch in folgendem treffenden Zitat zum Ausdruck gebracht: „Ich glaube fest daran, dass wir uns auf den Weg begeben, der für uns schon immer vorbereitet ist und nur darauf wartet, von uns beschritten zu werden, wenn wir unserem eigenen Glück folgen. Erst dann führen wir das Leben, das für uns bestimmt ist. Wenn wir das erkennen, treffen wir Menschen, die in unserem positiven Feld sind und Türen für uns öffnen. Ich kann jedem nur raten, seinem Glück zu folgen und keine Angst zu haben. Dann öffnen sich Türen, die man überhaupt nicht für möglich gehalten hätte.“[138]

Doch bei jedem Ziel, das wir anpeilen, gibt es wichtige Regeln zu beachten. Neben den „fachlichen“ Kriterien und äußeren Umständen sind es jedoch meist psychologische Hürden, mit denen wir uns selbst Steine in den Weg legen. Deswegen erfährst du jetzt mehr über die häufigsten psychischen Herausforderungen beim Erreichen deiner Lebensziele oder Herzenswünsche und wie du diese am besten in den Griff bekommst.

Ziele erreichen mit der SMART-Formel

„Was immer du kannst, beginne es. Beginne jetzt“[139], heißt es frei nach Johann Wolfgang von Goethe. Um Ziele aller Art erreichen zu können, gibt es natürlich bewährte Vorgehensweisen und Erfolgsrezepte. Am Anfang steht immer das starke Commitment für eine Sache, der wir uns aus tiefstem Herzen verpflichtet fühlen. „Der Weg zum Ziel beginnt an dem Tag, an dem du die hundertprozentige Verantwortung für dein Tun übernimmst“[140], wusste schon der italienische Dichter und Philosoph Dante Alighieri.

Eine effektive Methode dafür ist die sogenannte SMART-Formel[141], die aus dem Projektmanagement bekannt ist. Ein Ziel ist SMART, wenn es spezifisch, messbar, attraktiv, realistisch und terminiert ist.

Das heißt konkret, dass folgende Kriterien erfüllt sein müssen:

S: Spezifisch: Formuliere deine Ziele so genau und eindeutig wie möglich.

M: Messbar: Ziele dürfen nicht abstrakt, sondern müssen messbar sein.

A: Attraktiv: Ziele müssen akzeptiert, angemessen und attraktiv sein.

R: Realistisch: Setze dir realistische und erreichbare Ziele.

T: Terminiert: Setze dir eine klare Terminvorgabe, wann du starten und bis wann du das Ziel erreichen möchtest.

Dabei gilt es jedoch, einige wichtige Dinge zu beachten.

Zuallererst sollte man sich nicht verzetteln und sich nicht zu viele Ziele auf einmal vornehmen. Die Wahrscheinlichkeit ist hoch, dass du nicht alles unter einen Hut bekommst und dann wäre die Enttäuschung vorprogrammiert. Besser ist es, zunächst möglichst ein zentrales wichtiges Ziel anzusteuern und seine ganze Energie darauf zu fokussieren.

Zudem sollte die Latte bei den Zielen nicht zu hoch gelegt werden. Sei anspruchsvoll, aber realistisch, sollte die Devise lauten. Utopische Ziele sind kaum erreichbar und demotivieren schnell. Wichtig ist dabei auch, das große Ziel in einzelne Zwischenziele zu zerlegen und dabei step by step vorzugehen. Kleinere Etappen sind viel einfacher zu erreichen, und erste Erfolgserlebnisse halten die Motivation aufrecht.

Es wird mit Sicherheit vorkommen, dass du im Laufe des Prozesses an Grenzen stößt und ein bestimmtes Zwischenziel vielleicht nicht funktioniert. Dann solltest du jedoch nicht gleich die Flinte ins Korn werfen und das große Ganze aus den Augen verlieren. Vielleicht muss nur ein anderer Weg gefunden werden, und ein neues Zwischenziel muss her. Mach dir bewusst, dass sich der große Durchbruch nicht über Nacht einstellt, sondern du nur Schritt für Schritt ans Ziel kommst.

Natürlich erfordert das Umsetzen ambitionierter Vorhaben immer ein gewisses Maß an Selbstkontrolle und Disziplin. Aber lasse dich nicht entmutigen, wenn du die Zwischenziele nicht wie geplant erreichst. Es ist völlig normal, dass unvorhergesehene Hindernisse und Hürden auftauchen oder sich auch der am besten durchdachte Zeitplan nicht strikt einhalten lässt. „Der Langsamste, der sein Ziel nicht aus den Augen verliert, geht immer noch schneller als der, der ohne Ziel herumirrt"[142], sagte Gotthold Ephraim Lessing, ein bedeutender deutscher Dichter der Aufklärung. Versuche, eine Frustrationstoleranz zu entwickeln. Akzeptiere, dass es zu Rückschlägen kommen wird. Aber lasse das gesamte Ziel nicht durch einzelne Misserfolge ins Wanken geraten.

Ein entscheidender Faktor, um die Flinte nicht vorzeitig ins Korn zu werfen, ist die Motivation. Wir müssen uns immer wieder den guten Grund vor Augen führen, warum wir dieses Ziel unbedingt realisieren möchten. Der große Wunsch dazu muss uns begeistern und in uns brennen.

Deswegen sollten wir immer ein klares Bild von unserer Vision vor Augen haben, ein klares Bild von dem angestrebten Leben. Wichtig ist auch, dass du auf dem Weg stets die Vorfreude auf das Ziel statt die damit verbundenen Entbehrungen in den Vordergrund stellst. Wir erinnern uns an Nietzsche: „Wer ein WARUM zum Leben hat, erträgt fast jedes WIE." Stelle dir die positiven Auswirkungen vor, die eintreten werden, wenn du dein Ziel erreicht hast.

Der wichtigste Punkt für den Start heißt jedoch: machen! Das ist der erste, aber entscheidende Schritt, um seinen Lebenstraum zu verwirklichen. Nimm dir folgenden Rat zu Herzen: „Warte nicht, bis alles genau richtig ist. Es wird niemals perfekt sein. Es wird immer Herausforderungen, Hindernisse und nicht optimale Bedingungen geben. Na und? Fang' jetzt an. Mit jedem Schritt, den du unternimmst, wirst du stärker und stärker, immer geschickter, immer selbstbewusster und immer erfolgreicher"[143], erklärte der US-amerikanische Motivationsredner und Autor Mark Victor Hansen.

Recherchieren, informieren und Networking

Um welches große oder kleine Ziel es auch gehen mag, am Anfang sollte stets die gute Recherche stehen. Egal, ob man zehn Kilo abnehmen will, den Sprung vom Angestelltendasein in die Selbstständigkeit plant, ein Buch schreiben, ein Start-up gründen, ein Jahr mit der Familie auf Weltreise gehen, als Hobby-Künstler seine Bilder online verkaufen, eine Selbsthilfegruppe ins Leben rufen oder was auch immer tun möchte.

Erste Anlaufstelle ist das Internet, man googelt und zieht sich wichtige Informationen aus seriösen Quellen. Auf YouTube finden sich zu unzähligen Themen zahlreiche Erklär-Videos, die über die wichtigsten Dinge informieren. Auch in Buchform gibt es viele gute Ratgeber. Ist man ausreichend mit dem wesentlichen Know-how und den wichtigsten Dos and Don'ts zu seinem Thema versorgt, lohnt der Blick auf mögliche Vorbilder, konkrete Fallbeispiele und Success Stories. Wer hat schon geschafft, was ich vorhabe? Wie genau hat er oder sie das geschafft? Wie war die Ausgangslage, was waren die wichtigsten Hürden? Wie hoch war der Anteil an Glück und harter Arbeit am späteren Erfolg? Wie ist sie oder er mit Niederlagen und Rückschlägen umgegangen?

Erfolgsbeispiele lassen sich auch im Internet recherchieren. Am konkreten Beispiel können wir viel lernen. Vor allem auch über die psychologischen Faktoren, die beim Erreichen des Zieles eine entscheidende Rolle gespielt haben. Am besten liest man nebenbei auch eine Biografie über jemanden, der bereits dort ist, wo man selbst hinmöchte. Persönliche Lebensgeschichten, die sich nah am eigenen Vorhaben bewegen, sind nicht nur lehrreich, spannend und unterhaltsam, sondern wirken auch unglaublich motivierend.

Gleich an zweiter Stelle steht das Networking, also der zufällige und gezielte Austausch mit anderen Menschen zum entsprechenden Thema. Erzähle im Bekanntenkreis von deinem Vorhaben – vielleicht kommt der eine oder andere Hinweis zurück, wie etwa „Du, ich kenne da jemanden, der hat das gleiche vor wie du" oder Ähnliches. Schon entsteht ein neuer hilfreicher Kontakt, der vielleicht wertvolle Tipps geben und weitere Kontakte herstellen kann, die dich deinem Ziel ein Stück näher bringen können.

Nutze auch die sozialen Medien und suche gezielt auf Facebook, Instagram oder in anderen Kanälen nach Vorbildern, Interessengruppen oder Dienstleistern auf deinem Gebiet. Scheue dich nicht davor, die Menschen direkt anzusprechen. Die Offenheit und Hilfsbereitschaft ist oft größer, als du denkst.

Der Kampf gegen Selbstzweifel

Eine der größten Herausforderungen auf dem Weg, unseren Sinn des Lebens zu verwirklichen, liegt meist nicht in den äußeren Hürden und Hindernissen, sondern ist oft fest in uns selbst verankert: der Selbstzweifel[144]. Er kann unsere Motivation, unsere Risikobereitschaft und unseren Enthusiasmus bremsen, sich mit ganzer Kraft auf etwas einzulassen oder es zumindest zu versuchen. Und die wertvolle Eigenschaft betäuben, sich mit einer positiven Haltung den Herausforderungen des Lebens zu stellen. Damit kann uns der Zweifel letztendlich auch der Möglichkeit berauben, die eigene Größe zu entdecken, weiter zu wachsen und unsere Talente und Potenziale zur Blüte zu bringen.

Schon der bedeutende englische Dramatiker William Shakespeare erkannte in Selbstzweifeln einen zentralen Saboteur unseres potenziellen Erfolges: „Unsere Zweifel sind Verräter und häufig die Ursache für den Verlust von Dingen, die wir gewinnen könnten, scheuten wir nicht den Versuch.“[145] In der Tat sind es häufig Selbstzweifel, die uns davon abhalten, Großartiges zu erreichen und auf der persönlichen Erfolgsleiter weiter nach oben zu steigen. Sei es beruflich, in der Liebe oder bei der Erfüllung von echten Lebensträumen.

Nicht wenige von uns kennen das: Wenn wir inspirierende Ideen haben oder vor neuen Herausforderungen stehen, breiten sich im Innersten statt Mut und Zuversicht plötzlich negative Gedanken aus. Zu den häufigsten damit verbundenen negativen Glaubenssätzen zählen: Ich kann das bestimmt nicht! Was sollen nur die

Leute denken? Ich bin dem nicht gewachsen! Oder: Dafür bin ich nicht gut genug!

Natürlich ist der Selbstzweifel[146] nicht per se schlecht. In gesundem Maße kann er sogar hilfreich für uns sein, gewissermaßen als Korrektiv vor Selbstüberschätzung. Denn im positiven Sinne hilft ein kritischer Geist, die eigene Handlungsweise zu reflektieren und ein realistisches Selbstbild zu behalten. Das schützt vor Arroganz, Selbstverliebtheit und Resistenz gegenüber berechtigter Kritik – also vor schädlichen Merkmalen, wie sie sich insbesondere bei extremen Narzissten zeigen.

Sicher werden viele von uns hin und wieder von Selbstzweifeln geplagt, die wir meist rasch in den Griff kriegen, dann aber schnell wieder zu einem gesunden Selbstbild zurückkehren – mit einer realistischen Einschätzung unseres Selbstwertes.

Doch wie bei so vielem macht auch hier die Dosis den Unterschied zwischen Medizin und Gift aus. Gefährlich wird es, wenn der Selbstzweifel zum Dauerbegleiter wird. „Das Vertrauen zu dir selbst lässt dich über jede Brücke gehen. Das Zweifeln an dir selbst lässt jede Brücke unter dir einstürzen“[147], sagte der Publizist Peter Schumacher.

Der Kampf gegen die Selbstzweifel kann gelingen, wenn wir uns die dahinterstehenden Mechanismen bewusst machen. Wenn wir uns selbst erkennen. Wenn wir uns annehmen, wie wir wirklich sind und uns auf unsere Stärken fokussieren. Um das Vertrauen in die eigenen Kräfte und Möglichkeiten zu fördern, müssen wir aufhören, nur unsere eigenen Schwächen zu sehen. Und den Fokus stattdessen auf unsere Stärken und positiven Eigenschaften legen. Machen wir uns die Erfolge der Vergangenheit wieder bewusst. Und versuchen wir, die Angst vor dem Versagen oder ganz generell vor Veränderungen abzulegen. Dann steigt auch unser Selbstvertrauen immer weiter an.

Als Trost und Ansporn für alle Selbstzweifler hier noch ein Zitat des US-amerikanischen Dichters und Schriftstellers Charles Bukowski: „Das Problem dieser Welt ist, dass die intelligenten Menschen so voller Selbstzweifel sind und die Dummen so voller Selbstvertrauen."[148]

Der Vergleich mit anderen: Vorbilder suchen, aber Neid vermeiden

Auch der negative Vergleich[149] mit anderen, der sich in Neid und Missgunst ausdrückt, kann idealen Brennstoff liefern, um das Feuer unserer Selbstzweifel weiter anzuheizen. Und uns damit mehr ausbremsen als anspornen.

Im Vergleich zu anderen Menschen, die Dinge haben, die wir auch gerne hätten, fühlen wir uns oft minderwertig, unzufrieden und kommen uns als Verlierer vor: „Der Nachbar hat ein schöneres Haus! Die beste Freundin sieht viel attraktiver aus als ich! Der ehemalige Schulkamerad ist viel erfolgreicher im Beruf! Die Arbeitskollegin hat ja so eine glückliche Beziehung!" Wer kennt das nicht?

Sind Gedanken wie diese noch von Neid[150] und Missgunst erfüllt, wirken sie wie wahres Gift und setzen eine negative Denkspirale in Gang: Womit haben die das bloß verdient? Warum habe ich das nicht? Würde mir das nicht viel eher zustehen? Warum bin ich ein Versager? Doch das alles bringt uns nicht weiter.

Denn schließlich wird es auch für den erfolgreichsten Menschen immer jemanden geben, der auf einem bestimmten Gebiet noch besser und erfolgreicher ist. „Das Vergleichen ist das Ende des Glücks und der Anfang der Unzufriedenheit"[151], wusste schon der dänische Philosoph Sören Kierkegaard.

Beim neidvollen Vergleich mit anderen machen wir meist einen entscheidenden Denkfehler: Wir suchen uns nur einen bestimmten Aspekt heraus und blenden andere Faktoren aus. Wir wissen meist gar nicht, welchen Preis die beneideten Menschen für ihren Erfolg bezahlen mussten. So mag der erfolgreiche Manager durchaus über ein wesentlich höheres Einkommen verfügen als wir selbst, aber insgeheim darunter leiden, dass er so wenig Zeit mit seiner Familie verbringen kann.

Zudem fokussieren wir uns unbewusst stets nur auf die Stärken der anderen und vergleichen diese mit unseren Schwächen. Also verzichten wir auf Neid und Missgunst – Gefühle, die uns letztendlich nur selbst schaden und unsere Seele vergiften. Stattdessen sollten wir den anderen ihren Erfolg, ihre glückliche Beziehung oder ihr strahlend schönes Aussehen gönnen und uns mit ihnen darüber freuen.

Dagegen kann der sportliche Vergleich mit anderen eine positive Wirkung erzielen. Insbesondere, wenn wir sie als Vorbilder oder Idole sehen, denen wir nacheifern möchten. Die Identifikation mit Menschen, die bereits erreicht haben, was wir wollen, kann ungeahnte Kräfte und Energien freisetzen. Die Vorbilder liefern Rollenmodelle, an denen wir uns orientieren, und Ideale, nach deren Verwirklichung wir streben können. Natürlich sollten die Vorbilder nicht völlig realitätsfern sein. Auch sollten wir uns nur auf bestimmte erfolgskritische Aspekte der Vorbilder konzentrieren, die uns tatsächlich helfen und motivieren. Denn letztendlich müssen wir unseren eigenen Weg gehen und sollten dabei immer authentisch bleiben.

Aber am Ende gibt es nur einen einzigen Menschen, mit dem wir uns vergleichen sollten, und zwar mit uns selbst – insbesondere mit unserem früheren Ich. Denn jeder Mensch ist einzigartig und mit unterschiedlichen Fähigkeiten und Talenten ausgestattet, die es zu erkennen und zu entfalten gilt. Beurteilen wir also unseren

Status quo nach unserer Ausgangssituation im Leben und nach unseren Stärken und Fähigkeiten. Dann können wir uns realistischer einschätzen und auch stolz auf unsere Erfolge sein.

Statt neidisch auf andere zu sein, sollten wir danach streben, uns selbst weiterzuentwickeln, unsere Möglichkeiten und Begabungen zu nutzen und das Beste daraus zu machen. Folgen wir dem Zitat des US-amerikanischen Tennisspielers Arthur Ashe, der 1975 als erster Spieler mit schwarzer Hautfarbe das Tennis-Turnier in Wimbledon gewann: „Start where you are. Use what you have. Do what you can!“[152].

Raus aus der Perfektionismus-Falle

Nichts spricht gegen einen gesunden Perfektionismus[153], wenn man versucht, seine Aufgaben gewissenhaft zu erledigen, nach Höchstleistungen zu streben und das Beste aus sich herausholen. Gefährlich wird dagegen ein nicht erfüllbarer Perfektionismus, mit dem wir zu hohe Erwartungen an uns selbst stellen. Perfektionisten wollen alles immer zu 100 Prozent erledigen und sind dadurch kaum in der Lage, ihren eigenen überhöhten Ansprüchen gerecht zu werden.

Egal was sie erreichen, es ist in ihrer Selbstwahrnehmung nie genug. Dabei ist es objektiv unmöglich, nie einen Fehler zu machen. Also sollten wir besser der Maxime von Aristoteles folgen: „Der Gebildete treibt die Genauigkeit nicht weiter, als es der Natur der Sache entspricht.“[154]

Übertriebene Perfektionisten knüpfen ihren Selbstwert stark an Erfolge und Leistungen. Da sie aber ihre fast unmöglichen Ansprüche an sich selbst und ihre Ziele seltener erreichen als andere, haben sie auch häufiger das Gefühl zu scheitern. Das senkt ihr Selbstvertrauen und schürt unberechtigte Zweifel an der eigenen Leistungsfähigkeit. Sie ärgern sich so sehr über kleinste Fehler im Detail, als wäre das gesamte Projekt gescheitert.

Auch mit Kritik können sie meist schlecht umgehen und nehmen alles sehr persönlich. Werden Fehler in einem Projekt entdeckt, fühlen sie sich gleich in ihrer Person angegriffen. Dann werten sie ihre gesamte Persönlichkeit ab und fühlen sich als totale Versager in allen Lebenslagen. Zudem neigen sie zu einem Schwarz-Weiß-Denken und stufen auch jeden anderen, der nicht ihren eigenen Perfektions-Ansprüchen genügt, als Verlierer ein.

Dahinter stehen meist falsche Glaubenssätze aus der Kindheit: Nur wenn ich perfekt bin, wenn ich alles richtig und keine Fehler mache, nur dann bekomme und verdiene ich Anerkennung und Liebe. Dieser negative Glaubenssatz führt nicht nur zu einem angstvollen Streben danach, absolut keine Fehler zu machen, sondern schließlich auch zu einer Risiko-Aversion und Kontrollsucht. Also seien wir realistisch und machen uns bewusst, was der englische Kardinal John Henry Newman dazu sagte: „Ein Mensch würde nie dazu kommen, etwas zu tun, wenn er stets warten würde, bis er es so gut kann, dass niemand mehr einen Fehler entdecken könnte.“[155]

Hilfreich ist dabei ein Blick auf das Pareto-Prinzip[156]. Danach lässt sich ein 80-prozentiges Ergebnis häufig sogar schon mit 20 Prozent Einsatz erreichen. Das heißt, für eine zu 80 Prozent erfüllte Aufgabe braucht man lediglich 20 Prozent des gesamten Aufwands. Aber in die noch fehlenden 20 Prozent der Aufgabe muss man 80 Prozent seiner Kraft stecken, damit das Ergebnis vollkommen wird. Das bedeutet: Bei richtiger Verteilung der Prioritäten lassen sich mit 20 Prozent des Aufwands 80 Prozent der gesamten Arbeit erledigen!

Wir müssen also lediglich unseren Fokus auf die wirklich wichtigen Dinge lenken. Dann sind wir wesentlich effizienter, als wenn wir uns mit anderen Dingen verzetteln, die viel Arbeit machen, aber wenig bringen. Haben wir das erkannt, können wir effektiver arbeiten und die eingesparte Zeit und Energie für andere Projekte nutzen.

Um der Perfektionismus-Falle zu entkommen, müssen wir zunächst unsere zu hohe Erwartungshaltung erkennen und die Ziellatte auf ein gutes, aber realistisches Niveau senken. Und die Nullfehlertoleranz ablegen und uns zugestehen, auch mal kleinere Fehler machen zu dürfen. Schließlich kann niemand Wunder vollbringen.

Die Kunst liegt in der Anerkennung der Tatsache, dass Fehler zu machen Teil jeder Entwicklung ist. Es kommt nur auf den richtigen Umgang damit an, wie der irischer Schriftsteller Oscar Wilde in folgendem Zitat zum Ausdruck bringt: „Der Profi macht nur neue Fehler. Der Dummkopf wiederholt seine Fehler. Der Faule und der Feige machen keine Fehler.“[157]

Zudem sollten wir aufhören, Probleme im Übermaß zu analysieren, die Dinge unnötig zu verkomplizieren und uns endlos in Details zu verzetteln. Wir sollten den Mut haben, Projekte nicht mehr lange aufzuschieben aus Angst davor, möglicherweise Fehler zu begehen. Stattdessen sollten wir einfach anfangen und machen. Denn später können wir alles immer noch verbessern und korrigieren.

Die Angst vor dem Scheitern ablegen

Auch die Angst vor dem Scheitern[158] hält viele Menschen davon ab, ihre wahren Lebensträume zu verwirklichen. Statt einfach anzupacken und loszulegen, fangen sie gar nicht erst an. Die altbekannten negativen Glaubenssätze bremsen uns immer wieder aus: Was, wenn es nicht klappt? Schade um die Energie, die ich dabei vergeuden würde. Bevor ich eine Enttäuschung riskiere, fange ich gar nicht erst an!

Es liegt auf der Hand. Wer so denkt, verbaut sich selbst alle Chancen auf persönliches Wachstum, ja sogar auf ein sinnerfülltes, befriedigendes und glückliches Leben. Und trotzdem ist dieses Denken weitverbreitet. Der Bestseller-Autor und Speaker Hermann Scherer sagte dazu in einem Interview mit SinndesLebens24: „In meiner Beratertätigkeit habe ich zwei Arten von Menschen kennengelernt: Die einen haben ein Ziel vor Augen und rennen los: Sie tun was! Natürlich stolpern sie auch dabei, haben Schwierigkeiten und machen Fehler. Aber sie gehen dennoch weiter. Und die anderen treffe ich zwei Jahre später zufällig am Flughafen wieder und frage: ‚Wie läuft's?' Sie sagen: ‚Ja, wir sind da noch dran, wir feilen noch ein bisschen an unserer Positionierung'. Meine These lautet: Diese Menschen werden mit der Feile in der Hand sterben!"[159]

Fakt ist: Die Angst vor dem Scheitern ist die größte Blockade für den Fortschritt. Wer nicht bereit ist, seine Komfortzone zu verlassen und stets auf „business as usual" setzt, wird keine persönliche Weiterentwicklung erzielen. Ohne Fehler sind bahnbrechende Innovationen gar nicht möglich. Gerade clevere und mutige Menschen müssen häufig Rückschläge einstecken und sind am Ende doch erfolgreich. Sie sehen das Scheitern[160] als Chance. Dass Fehler die Treiber des Fortschritts sind, machen zahlreiche erfolgreiche Biografien deutlich.

So gelang es Auto-Mogul Henry Ford erst beim dritten Anlauf, die Ford Motor Company zu gründen. Der erfolgreiche Erfinder und Unternehmer Thomas Edison musste unzählige Glühfäden testen, bis er die erste funktionierende Glühbirne auf den Markt bringen konnte. Er sagte: „Ich bin nie gescheitert, ich habe nur

10.000 Wege gefunden, die nicht funktionieren.“[161] Bestseller-Autorin Joanne K. Rowling, die mit ihrer Harry-Potter-Reihe ein Vermögen machte, konnte für die Veröffentlichung ihres ersten Buches lange Zeit keinen Verlag gewinnen.

Nur wer von der Routine abweicht und eingefahrene Strukturen durchbricht, kann wirklich Neues und Besseres schaffen. Zum Beschreiten neuer Wege jenseits der ausgetrampelten Pfade gehört der Mut zum Risiko. Und meist ist der Weg zum Erfolg mit Fehltritten gepflastert – wer nicht wagt, der nicht gewinnt!

In den USA gibt es einen sportlicheren Umgang mit dem Scheitern – vor allem in der Gründer-Community des Silicon Valley. Dort herrscht eine Kultur der zweiten Chance vor. Die pragmatische Einstellung: Niederlagen gehören einfach zum Geschäft. Nicht das Scheitern ist ein Stigma, sondern das Aufgeben. Die Amerikaner erkennen an, wenn jemand nach dem Hinfallen wieder aufsteht, aus seinen Fehlern lernt und einen neuen Versuch wagt. Denn Misserfolge sind wichtige Stationen auf dem Weg zum Erfolg.

Deswegen sollte man sich den Rat des erfolgreichen Automobil-Managers Lee Iacocca, der einst an der Spitze von Ford und Chrysler stand, zu Herzen nehmen: „An irgendeinem Punkt muss man den Sprung ins Ungewisse wagen. Erstens, weil selbst die richtige Entscheidung falsch ist, wenn sie zu spät erfolgt. Zweitens, weil es in den meisten Fällen so etwas wie eine Gewissheit gar nicht gibt.“[162]

Clevere und mutige Menschen gehen Risiken ein und wollen etwas bewegen. Sie müssen häufig Rückschläge einstecken, machen trotzdem weiter und suchen unbeirrbar nach Lösungen, bis sie am Ende schließlich doch erfolgreich sind. Sie sehen das Scheitern als Chance. „Das größte Risiko ist, keine Risiken einzugehen"[163], sagte Facebook-Gründer Mark Zuckerberg. Und der größte Fehler ist und bleibt: nichts zu tun!

Dem Glück auf die Sprünge helfen

Ist Glück Zufall oder Schicksal? Antworten darauf gibt Richard Wiseman in seinem 2004 veröffentlichten Buch „So machen Sie Ihr Glück: Wie Sie mit einfachen Strategien zum Glückspilz werden"[164]. Die Annahme: Manche Menschen scheinen das Glück magisch anzuziehen, während sich andere vom Pech verfolgt sehen. Doch welche psychologischen Faktoren zeichnen Glückspilze aus? Und vor allem: Wie können Pechvögel ihre Chancen auf ein glückliches Leben verbessern?

Diesen Fragen ist der britische Psychologe und Leiter des Forschungszentrums der Psychologischen Fakultät an der Hertfordshire-University nachgegangen. Das Buch ist Ergebnis einer langjährigen wissenschaftlichen Untersuchung. Sie basiert auf Interviews und Tests mit mehreren Hundert Menschen, die in ihrem Leben immer wieder außergewöhnliches Pech oder ausgesprochenes Glück hatten. Sein Fazit: Glück ist kein Zufall. Es gibt Glücksfaktoren, die jeder anwenden und auch Pechvögel in Glückspilze verwandeln kann.

Aus seinen Forschungen leitet Wiseman „vier Prinzipien des Glücks" ab. Das erste lautet: „Maximieren Sie Ihre Zufallschancen". Demnach knüpfen Glückspilze ein starkes „Glücks-Netz" und pflegen es. Sie sind extrovertiert, haben eine offene Körpersprache und erweisen sich als „soziale Magneten". Sie knüpfen gerne neue Kontakte, führen Gespräche und tauschen sich aus. So erhalten sie Hinweise und Optionen, die wichtig für ihr Leben sein können. Zudem haben Glückspilze eine gelassene

Einstellung zum Leben. Ergo: Setzen wir stärker auf Networking und versuchen, offener mit anderen Menschen umzugehen.

Das zweite Glücks-Prinzip heißt: „Folgen Sie Ihren glücklichen Eingebungen". Demnach hören Glückspilze bei wichtigen Entscheidungen stärker auf ihre innere Stimme. Sie handeln intuitiver als Pechvögel und nutzen ihr unbewusstes Wissen. Ihrer Intuition helfen sie auch mit folgenden Verhaltensweisen auf die Sprünge: einer hohen Toleranz gegenüber Stress, einer geringen Reizbarkeit und wenig Unsicherheit.

Zudem klagen sie weniger über das Leben und gehen entspannter mit Herausforderungen um. Statt nur ein einziges Ziel im Auge zu haben, nehmen sie auch auftauchende Optionen wahr und nutzen diese. Sie sind stets offen für neue Erfahrungen und haben ein Faible für den Reiz des Unvorhersehbaren.

„Rechnen Sie mit einer glücklichen Zukunft" ist das dritte Glücksprinzip. Wiseman hat herausgefunden, dass Glückspilze eine durchgehend positivere Erwartungshaltung als Pechvögel haben. Umgekehrt halten Pechvögel negative künftige Ereignisse zum Teil für doppelt so wahrscheinlich wie Glückspilze. In dieser Hinsicht spielen sich selbst erfüllende Prophezeiungen eine wichtige Rolle. Die positive Grundhaltung der Glückspilze führt dazu, dass sie ihre Ziele auch dann zu erreichen versuchen, wenn die Erfolgsaussichten gering erscheinen. Das heißt, sie verfolgen ihre Ziele beharrlicher. Auch bei anfänglichen Misserfolgen sind sie davon überzeugt, dass sie die Herausforderungen trotzdem meistern können. Zudem gehen Glückspilze davon aus, dass ihre Interaktionen mit anderen positiv verlaufen. Und neue Bekannte angenehm, freundlich und hilfsbereit sind.

Das vierte und letzte Prinzip lautet „Verwandeln Sie Ihr Pech in Glück". Das bedeutet, Glückspilze erkennen das Glück im Unglück und haben die Einstellung, es hätte ja noch viel schlimmer kommen können. Sie denken auch nicht unaufhörlich über vergangenes Unheil nach, sondern schließen unliebsame Kapitel rasch ab. Dagegen grübeln Pechvögel über solche Situationen lange nach und sehen diese als eine nicht enden wollende Reihe von Niederlagen. Außerdem beugen Glückspilze künftigem Pech aktiv vor, indem sie frühzeitig versuchen, schwierige Situationen in den Griff zu kriegen. Pechvögel haben eher das Gefühl, Problemen hilflos ausgeliefert zu sein.

Die wichtigste Botschaft des Buches: Auch Pechvögel können ihre Chancen auf ein glückliches Leben verbessern, indem sie ihre Einstellung ändern und versuchen, die Verhaltensweisen von Glückspilzen anzunehmen. Wiseman konnte das mit eigenen Versuchen belegen.

Dranbleiben: Fokus, Wille und Beharrlichkeit

„Der Unterschied zwischen Gewinnen und Verlieren ist meist, nicht aufzuhören“[165], sagte der US-amerikanischer Trickfilmzeichner, Mickey-Maus-Erfinder und Unternehmer Walt Disney. Haben wir unseren wahren Lebenstraum entdeckt und uns ein verheißungsvolles Ziel gesteckt, ist die Euphorie meist groß. Am Anfang stecken wir voll Energie und Tatendrang und können gar nicht schnell genug starten.

Doch bald müssen wir feststellen, dass auf dem Weg zum Ziel immer wieder neue Hindernisse auftauchen. Uns wird klar, dass wir nichts geschenkt bekommen und uns ordentlich ins Zeug legen müssen, um das, was wir so heiß ersehnen, auch tatsächlich zu bekommen.

Jetzt kommt es darauf an, dranzubleiben und die Bereitschaft zu haben, sich den stets erneut auftauchenden Herausforderungen zu stellen und diese zu meistern. An dieser Stelle trennt sich die Spreu vom Weizen. Da stellt sich die Frage: Mache ich unbeirrt weiter oder gebe ich entmutigt auf? Ist die Anziehungskraft meines Herzenswunsches wirklich groß genug, dass ich alle möglichen Strapazen auf mich nehme, um ihn zu verwirklichen?

Nicht wenige werfen beim ersten Hindernis die Flinte ins Korn. Wenn wir uns der Bedeutung einer Sache für unser Leben bewusst sind und eine tiefe Leidenschaft dafür empfinden, dann werden wir auch bereit sein, alles dafür zu geben. Das setzt ungeahnte Energien frei und jeder kleine Fortschritt wird uns neue Kraft schenken. Und ein einfacher, aber zentraler Erfolgsfaktor ist dabei entscheidend: Der unbeugsame Wille dranzubleiben und weiterzumachen.

Calvin Coolidge, der 30. Präsident der Vereinigten Staaten, brachte dies in folgendem Zitat perfekt auf den Punkt: „Nichts auf der Welt kann Beharrlichkeit ersetzen. Talent nicht – nichts ist weiter verbreitet als erfolglose Männer mit Talent. Genialität nicht – das verkannte Genie ist schon fast zum geflügelten Sprichwort geworden. Bildung nicht – diese Welt ist voll von gebildeten Versagern. Beharrlichkeit und Entschlossenheit allein sind ausschlaggebend.“[166] Dranbleiben ist auch eine Maxime des britischen Erfinders, Unternehmers und Self-Made-Milliardärs James Dyson: „Ich habe vom Laufen gelernt, dass der Punkt, an dem du Gas geben musst, der ist, wenn alles wie verrückt schmerzt und du eigentlich aufgeben möchtest. Erfolg wartet oft grade um die nächste Ecke.“[167]

Wir brauchen also den Willen, uns wirklich anzustrengen, und die Bereitschaft, Unsicherheit in Kauf zu nehmen und ins Risiko zu gehen. Ein wichtiger Punkt dabei ist Resilienz – also die Widerstandskraft, schwierige Situationen zu überstehen. Wir sollten uns nicht als Opfer des Schicksals sehen, sondern die Dinge selbst in die Hand nehmen.

Gerade, wenn wir schwierige Zeiten überstehen, wachsen wir über uns selbst hinaus und entwickeln uns weiter. Gestehen wir uns Niederlagen ein und arbeiten wir Rückschläge auf, statt uns von ihnen entmutigen zu lassen. Hinfallen, aufstehen, Krone richten und weitergehen! Der Einsatz lohnt sich. Denn nichts ist so befriedigend und erfüllend, wie ein selbst gesetztes Ziel zu erreichen – sei es im Privatleben oder im Business.

Dann gibt es noch die Menschen, die ihre Ziele wechseln wie ihre Unterwäsche. Sie sind schnell für etwas Feuer und Flamme, geben aber beim ersten Hindernis rasch wieder auf. Und lassen sich genauso schnell wieder von einem neu auftauchenden Ziel begeistern, das vermeintlich besser und leichter zu erreichen ist als das alte. Doch dann beginnt der Teufelskreis aufs Neue und letztendlich kommen sie niemals irgendwo an.

Dieses Extrembeispiel macht eines deutlich: Wenn es um unsere wahren Herzenswünsche und zentralen Lebensziele geht, können wir nicht ewig alles Mögliche ausprobieren. Wir kommen nicht daran vorbei, irgendwann einmal eine klare Entscheidung zu treffen – und dazu zu stehen, komme, was wolle! Das bedeutet, durchzuhalten und uns nicht von scheinbar einfachen Verlockungen verführen zu lassen, die immer wieder am Wegesrand auftauchen. Es sei denn, wir möchten unser Leben lang in der Komfortzone versauern, die zwar bequem ist, uns aber nicht glücklich macht.

Auch Hermann Scherer plädiert für klare Entscheidungen und den klaren Fokus auf eine zentrale Sache: „Wer stets neue Wege einschlägt, wenn Herausforderungen auftauchen, der wird nie sein Ziel erreichen. Und wer immer wieder neue Sachen ausprobiert, wird ein Leben lang ein Anfänger bleiben. Für den Erfolg ist es wichtig, einer Sache treu zu bleiben, sich darauf zu fokussieren und sich nicht ablenken zu lassen. Da sind wir bei der

Tugend durchzuhalten, die Dinge einfach durchzuziehen, anstatt einen Millimeter vor dem Ziel noch aufzugeben."[168]

Steve Jobs Stanford Rede: „Haben Sie den Mut, Ihrem Herzen zu folgen"

Grau ist alle Theorie. Deswegen möchte ich dir kurz vor Ende dieses Buches noch ein konkretes Fallbeispiel an die Hand geben. Und zwar von keinem geringeren als dem Apple-Gründer und Hightech-Genie Steve Jobs[169]. Der US-amerikanische Entrepreneur hatte 1976 zusammen mit Steve Wozniak und Ron Wayne im kalifornischen Los Altos bei San Francisco das Hightech-Unternehmen Apple gegründet – in der Garage seiner Eltern.

Er hat nicht nur den Personal Computer, das Smartphone sowie Tablets revolutioniert, sondern Apple zu einer der wertvollsten Marken der Welt gemacht. Zudem war Jobs Geschäftsführer und Hauptaktionär der Pixar Animation Studios und später größter Einzelaktionär der Walt Disney Company. Am 5. Oktober 2011 starb der im persönlichen Umgang oft nicht einfache Ausnahme-Unternehmer an Krebs. Das Forbes Magazine schätzte sein Vermögen 2011 auf 8,3 Milliarden US-Dollar. Doch Geld allein ist nie der entscheidende Antrieb für ihn gewesen.

2005 hielt Steve Jobs eine legendäre Rede[170] vor den Absolventen der Elite-Universität Stanford in der Nähe von San Francisco. Ungewöhnlich offen und privat gab er den Studenten wichtige Lebensweisheiten mit auf den Weg, die er in drei kleine Geschichten aus seinem Leben verpackte. Die Themen: Intuition, Liebe, Verlust und Tod.

Seine Rede startete er an jenem heißen Juni-Tag in Kalifornien bewusst unspektakulär: „Ich möchte Ihnen heute drei Geschichten aus meinem Leben erzählen. Nichts Besonderes, einfach drei Geschichten“, begann Steve Jobs.

Die erste handelte davon, eine Verbindungslinie zwischen zwei Punkten im Leben zu ziehen – Punkte, die zunächst als einzelne, unwillkürliche Ereignisse auftreten und später zusammen einen Sinn ergeben. Er sprach über seine Kindheit, seine Adoption und wie er sein College-Studium hinwarf. Er hatte keine Ahnung, was er mit seinem Leben anfangen sollte und beschloss, darauf zu vertrauen, dass schon alles gut werden würde.

„Damals war ich verunsichert, aber aus heutiger Sicht muss ich sagen, dass es eine der besten Entscheidungen war, die ich je getroffen habe“, sagte Jobs. Er schlief bei Freunden, sammelte Pfand-Flaschen, besuchte nun aber Kurse, die ihn wirklich interessierten. Darunter einen Kalligrafie-Kurs, der ihn faszinierte und ihm vieles über Schriften, gute Typografie und Ästhetik beibrachte.

„Von einer praktischen Anwendung schien das meilenweit entfernt zu sein. Aber zehn Jahre später, als wir den ersten Macintosh-Computer entwickelten, war alles wieder da. Und wir packten alles in den Mac. Es war der erste Computer mit schöner Typografie“, so Jobs. Hätte er damals diesen einen Kurs nicht besucht, hätte es beim Mac nie verschiedene Schrifttypen oder Proportionalschriften gegeben.

Seine Message: „Man kann die Punkte nicht verbinden, wenn man sie vor sich hat. Die Verbindung ergibt sich erst im Nachhinein. Man muss also darauf vertrauen, dass sich die Punkte irgendwann einmal zusammenfügen. Man muss an etwas glauben – Intuition, Schicksal, Leben, Karma, was auch immer. Diese Haltung hat mich nie enttäuscht, sie hat mein Leben entscheidend geprägt.“

Die zweite Geschichte handelte von Liebe und Verlust. Er hatte Glück und schon früh herausgefunden, was er gerne machen wollte, und gründete gemeinsam mit seinem Partner Wozniak Apple. Sie hatten hart gearbeitet und nach zehn Jahren war Apple ein Zwei-Milliarden-Dollar-Unternehmen mit über 4.000 Mitarbeitern. Er war Anfang 30, als Apple sein bisher bestes Produkt, den Macintosh, präsentierte. Dann wurde er entlassen.

„Der Inhalt meines ganzen Arbeitslebens war auf einmal weg. Es war niederschmetternd. Eine ganze Weile wusste ich wirklich nicht, wie es weitergehen sollte", blickte Steve Jobs zurück. Man hatte ihn rausgeworfen, aber er brannte noch immer. Und so beschloss er, neu anzufangen.

Damals war ihm noch nicht klar, dass seine Entlassung das Beste war, was ihm je passieren konnte. Statt der Bürde des Erfolgs erlebte er wieder die Leichtigkeit des Anfängers und die Freiheit, eine der schöpferischsten Phasen seines Lebens zu beginnen. In den nächsten fünf Jahren gründete er die Firmen Next, Pixar und lernte seine spätere Ehefrau Laurene kennen. „Pixar produzierte den ersten computeranimierten Spielfilm, Toy Story, und ist heute das weltweit erfolgreichste Zeichentrickfilmstudio.

Dann, in einer erstaunlichen Wendung, wurde Next von Apple gekauft. Ich kehrte zu Apple zurück, und die Technologie, die wir bei Next entwickelt hatten, ist der Kern der gegenwärtigen Apple-Renaissance. Und Laurene und ich haben eine wunderbare Familie", erklärte Steve Jobs.

All das wäre nicht passiert, wenn Apple ihn damals nicht gefeuert hätte. „Manchmal knallt einem das Leben etwas an den Kopf. Dann darf man nicht das Vertrauen verlieren. Weitergemacht habe ich wohl nur deswegen, weil es mir Spaß gemacht hat. Man muss herausfinden, was einem wichtig ist. Das gilt für die Arbeit wie für Liebesbeziehungen. Die Arbeit wird einen Großteil Ihres

Lebens einnehmen, aber wirklich erfüllt ist man nur, wenn man weiß, dass es etwas wirklich Großes ist. Und das geht nur, wenn man seine Arbeit liebt. Wenn Sie noch nichts gefunden haben, suchen Sie weiter. Arrangieren Sie sich nicht. Wie bei allen Herzensangelegenheiten weiß man, dass es das Richtige ist, wenn man es gefunden hat. Und wie bei jeder wichtigen Beziehung wird es mit den Jahren immer besser. Suchen Sie also so lange, bis Sie das Richtige gefunden haben. Arrangieren Sie sich nicht", so Steve Jobs.

Schließlich folgte die dritte Geschichte. Als er 17 Jahre alt war, hatte er folgenden Satz gelesen: „Wenn man jeden Tag lebt, als wäre es der letzte, wird man irgendwann recht haben." Das hat ihn beeindruckt, und seitdem sah er jeden Morgen in den Spiegel und fragte sich: „Wenn heute mein letzter Tag wäre, würde ich dann tun wollen, was ich heute tun werde? Und wenn ich allzu oft mit Nein antwortete, dann wusste ich, dass ich etwas ändern musste", so Jobs.

„Die Überlegung, dass ich bald tot sein werde, ist für mich die wichtigste Hilfe bei den wirklich großen Entscheidungen im Leben. Denn fast alles – anderer Leute Erwartungen, Stolz, Versagensangst – wird im Angesicht des Todes unwichtig, es bleibt nur, was wirklich wichtig ist. Wer bedenkt, dass er sterben wird, fällt nicht der Illusion anheim, er habe etwas zu verlieren. Man ist sowieso nackt. Es gibt keinen Grund, nicht der Stimme des Herzens zu folgen", sagte Steve Jobs. Diese Erkenntnis bekam später einen bitteren Hintergrund. Etwa ein Jahr vor seiner Rede wurde bei Steve Jobs Bauchspeicheldrüsen-Krebs diagnostiziert und er sah sich plötzlich mit dem Tod konfrontiert. Glücklicherweise konnte er zunächst wieder geheilt werden.

In seiner Jugend gab es ein bemerkenswertes Buch mit dem Titel „The Whole Earth Catalog", eine der „Bibeln" seiner Generation, idealistisch und voll guter Ideen. Auf dem Umschlag der letzten

Auflage, erinnerte er sich, war das Foto einer Landstraße im frühen Morgenlicht, darunter die Worte: „Bleibt hungrig, bleibt verrückt." „Ich habe mir das immer für mich selbst gewünscht. Und heute, da Sie vor einem neuen Lebensabschnitt stehen, ist das mein Wunsch für Sie. Bleibt hungrig, bleibt verrückt!"

Und er fuhr fort: „Niemand stirbt gern. Selbst diejenigen, die in den Himmel wollen, möchten deswegen nicht sterben. Und doch ist der Tod unser aller Schicksal. Niemand entkommt ihm. Und so soll es auch sein, denn der Tod ist vermutlich die beste Erfindung des Lebens. Er ist der Motor des Wandels. Er räumt mit Altem auf, um Platz zu schaffen für Neues. Heute sind Sie das Neue, aber irgendwann werden Sie die Alten sein und abtreten."

Sein Fazit: „Ihre Zeit ist begrenzt, also vergeuden Sie sie nicht, indem Sie ein fremdbestimmtes Leben führen. Hüten Sie sich vor Dogmen, denn das heißt nichts anderes, als sein Leben an den Ansichten anderer Leute auszurichten. Sehen Sie zu, dass der Lärm fremder Meinungen nicht Ihre innere Stimme übertönt. Und vor allem: Haben Sie den Mut, Ihrem Herzen und Ihrer Intuition zu folgen. Alles andere ist sekundär!"

Memento mori: Die begrenzte Zeit sinnvoll nutzen

Der Ausdruck memento mori[171], „Gedenke zu sterben", aus dem mittelalterlichen Mönchslatein bringt es auf den Punkt: Wir müssen uns der Kürze und der Endlichkeit dieses Lebens, unserer Sterblichkeit und dem Tod als Bestandteil des Lebens bewusst werden. Der Tod ist sicher, nur die Stunde des Todes bleibt ungewiss.

Doch dieses Bewusstwerden der Vergänglichkeit soll uns keine Angst machen. Sondern uns vielmehr dazu motivieren, unser eigenes Leben aktiv zu gestalten und unsere begrenzte Zeit sinnvoll zu nutzen. Denn, wie der römische Philosoph Lucius Annaeus Seneca sagte: „Wir haben nicht zu wenig Zeit, wir verschwenden zu viel davon. Auch zur Vollbringung der größten Dinge ist das Leben lang genug, wenn es nur gut angewendet wird.“[172]

Gerade auf der Suche nach dem Sinn des Lebens und bei dessen Umsetzung kommen wir nicht daran vorbei, uns unserer eigenen Vergänglichkeit bewusst zu werden. „Um zu sterben, bist du geboren“[173], schrieb Seneca. Fakt ist: Unabhängig davon, ob wir an ein Leben nach dem Tod glauben oder nicht, dieses Leben hier ist begrenzt.

Doch „nicht den Tod sollte man fürchten“, wie der römische Kaiser und Philosoph Marc Aurel sagte, „sondern dass man nie beginnen wird zu leben.“[174] Das ist der entscheidende Punkt! Oder wie der US-amerikanische Präsident Abraham Lincoln erklärte: „Du kannst dein Leben nicht verlängern, nur vertiefen. ...Nicht dem Leben mehr Jahre, sondern den Jahren mehr Leben geben.“[175]

Wir erinnern uns an Bronnie Ware. Vielen Menschen wird erst im Angesicht des Todes bewusst, wie sie hätten leben sollen und was sie versäumt haben. Die Menschen bereuen, dass sie ihre Träume nicht gelebt, zu viel gearbeitet und zu wenig Zeit mit Freunden und der Familie verbracht haben. Könnten sie die Zeit zurückdrehen, würden sie vieles anders machen. Also memento mori, hier und jetzt und nicht erst, wenn es zu spät ist!

Dadurch sind wir gefordert, unsere Lebenszeit auszunutzen und die einmaligen Gelegenheiten in unserem Dasein nicht ungenützt an uns vorüberziehen zu lassen. Der Sinn dahinter: Wir müssen die Zeit sinnvoll nutzen und dürfen sie nicht leichtfertig verschwenden. Das machte auch Mark Twain deutlich: „In 20 Jahren wirst du die Dinge, die du nicht getan hast, mehr bedauern als deine Taten. Also, mach die Leinen los, verlasse den sicheren Hafen. Fang den Wind in deinen Segeln, erforsche, träume, entdecke.“[176]

Was bedeutet das für den Sinn des Lebens? Wichtig ist, jeden Tag bewusst zu leben. Jeder Tag könnte der letzte sein. Wir müssen uns im Leben wieder mehr Zeit für die wirklich wichtigen Dinge nehmen. Vor allem dürfen wir wichtige Dinge, Gespräche und Entscheidungen nicht zu lange auf morgen verschieben. Die Vergangenheit ist vorbei, die Zukunft liegt noch vor uns, und wie viel Zeit uns noch verbleibt, ist ungewiss.

Aus der Erkenntnis der Endlichkeit des Daseins heraus muss der Mensch „die Verantwortung für sich selbst akzeptieren und sich damit abfinden, dass er seinem Leben nur durch die Entfaltung seiner eigenen Kräfte Sinn geben kann“, schrieb Erich Fromm. Sieht der Mensch der Wahrheit furchtlos ins Auge, dann erfasst er, so Fromm, dass „sein Leben nur den Sinn hat, den er ihm selbst gibt, indem er seine Kräfte entfaltet: indem er produktiv lebt“.

Erst dann kann er seine Aufgabe lösen, nämlich „er selbst um seiner selbst willen zu sein und glücklich zu werden durch die volle Verwirklichung der ihm eigenen Möglichkeiten – seiner Vernunft, seiner Liebe und produktiver Arbeit“[177], so Fromm. Wir sollten also versuchen, in unserer kurzen Lebensspanne möglichst viele von den uns gegeben Möglichkeiten in unserem Leben auch tatsächlich zu verwirklichen und unsere Kräfte zu entfalten.

Dazu ein Rat, der Ohad Kamin zugeschrieben wird: „Das Leben ist kurz. Wenn Sie die Entscheidung treffen, welchen Weg Sie einschlagen, sollten Sie sich zuerst über die Dinge Klarheit verschaffen, die Sie tun können. Wählen Sie von diesen die aus, die Sie tun wollen. Und von diesen dann die, die Sie wirklich tun wollen. Finden Sie schließlich die Dinge, die Sie wirklich, wirklich tun wollen – und tun Sie sie."

Oder pathetischer formuliert von Goethe: „Fang heute an, kühn zu handeln! In dem Moment, wo du dich einer Sache wirklich verschreibst, rückt der Himmel in deine Reichweite."[178]

Über den Autor: Markus Hofelich

Markus Hofelich ist Wirtschaftsjournalist und lebt mit seiner Familie im Süden von München. Seine journalistische Erfahrung sammelte er unter anderem als stellv. Chefredakteur von „Cash“ sowie als Chefredakteur des Wirtschaftsmagazins „Unternehmeredition“ der GoingPublic Media AG.

Im Frühjahr 2016 startete er Sinndeslebens24, ein Online-Magazin für den Sinn des Lebens, Philosophie, Glück und Motivation, das 2019 mit dem Münchener Blog Award ausgezeichnet wurde. Der Fokus liegt auf fundiert recherchierten Artikeln, ausführlichen Buchtipps und Interviews mit hochkarätigen Experten und Bestseller-Autoren wie John Strelecky, Richard David Precht, Axel Hacke, Eva-Maria Zurhorst, Stefanie Stahl, Hermann Scherer, Peter Schilling, Konstantin Wecker und vielen mehr.

Bisher sind knapp 300 Beiträge erschienen, davon 85 Interviews. Insgesamt hatte SinndesLebens24 über 1 Mio. Seiten-Aufrufe und 660.000 Nutzer. Aktuell kommen pro Monat mehr als 20.000 unique Visitors auf die Website. Das Buch enthält die Quintessenz aus fünf Jahren SinndesLebens24.

Markus Hofelich ist Diplom-Kulturwirt und hat an der Universität Passau und ein Auslandssemester an der Pariser Sorbonne studiert. Heute hat er sich als Freelancer vor allem auf Content-Marketing im Wirtschaftsbereich spezialisiert und schreibt unter anderem für Strategieberatungen sowie für IT-Unternehmen Whitepaper und Nutzwert-Artikel für die B2B-Zielgruppe. Sein innerer Antrieb ist es, Sinn zu suchen, Glück zu finden und andere zu inspirieren.

Stimmen zum Autor

Sergio Bambaren, internationaler Bestseller-Autor

„Ein Journalist und inspirierender Sinnsucher mit Herz und Verstand!“

Stefanie Stahl, Psychologin und Bestseller-Autorin

„Ein berührender Autor mit Gespür für das Wesentliche, analytischem Geist und motivierendem Schreibstil. Viel Erfolg!“

Paul Johannes Baumgartner, Radio-Moderator bei Antenne Bayern und Keynote-Speaker

„Glückwunsch zu fünf sinnstiftenden Jahren mit SinndesLebens24.de! Höchste Zeit, das Beste zu destillieren und in Buchform zu gießen.“

Literaturverzeichnis

[1] Frankl, Viktor E. (2009): ... trotzdem Ja zum Leben sagen: Ein Psychologe erlebt das Konzentrationslager. Kösel. S. 168.

[2] Center For Marc Twain Studies: The apocryphal twain: “the two most important days of your life...”. marktwainstudies.com/the-apocryphal-twain-the-two-most-important-days-of-your-life/. Zugegriffen: 10. Januar 2021.

[3] Songtexte: Astronaut. www.songtexte.com/songtext/sido-feat-andreas-bourani/astronaut-73785ed5. Zugegriffen: 10. Januar 2021.

[4] Hofelich, Markus (2020): Was ist der Sinn des Lebens? Die besten Antworten. www.sinndeslebens24.de/was-ist-der-sinn-des-lebens. Zugegriffen: 10. Januar 2021.

[5] Goethe, Johann Wolfgang von (1796): Briefe. An Johann Heinrich Meyer, 8. Februar 1796.

[6] Anders, Günther (1980): Die Antiquiertheit des Menschen. Band II. C. H. Beck. S. 369.

[7] Fromm, Erich (1995): Die Kunst des Liebens. Ullstein. S. 20.

[8] Statista (2013): Umfrage Sinn des Lebens. de.statista.com/statistik/daten/studie/274799/umfrage/haeufigkeit-des-nachdenkens-ueber-den-sinn-des-lebens/. Zugegriffen: 10. Januar 2021.

[9] FOCUS Magazin (2012): Jeder kann Sinn finden. Ausgabe Nr. 51/2012. www.focus.de/gesundheit/ratgeber/psychologie/gesundepsyche/wenn-gott-ausfaellt-was-dem-leben-dann-noch-sinn-verleiht-spass-geld-liebe-freundschaft_id_2412950.

[10] Fromm, Erich (1995): Die Kunst des Liebens. Ullstein. S. 131.

[11] Fromm, Erich (1995): Die Kunst des Liebens. Ullstein. S. 133.

[12] Frankl, Viktor E. (1985): Der Mensch vor der Frage nach dem Sinn. Piper. S. 46.

[13] Hofelich, Markus (2017): Interview mit Richard Wolff. Reboot – Wie sich Führungskräfte über 50 neu erfinden können. www.sinndeslebens24.de/interview-mit-richard-wolff-reboot-wie-sich-fuehrungskraefte-ueber-50-neu-erfinden-koennen. Zugegriffen: 10. Januar 2021.

[14] Engagement Index Deutschland (2019). www.gallup.com/de/engagement-index-deutschland.aspx. Zugegriffen: 10. Januar 2021.

[15] Robbins, Alexandra und Wilner, Abby (2004): Quarterlife Crisis: Die Sinnkrise der Mittzwanziger. Ullstein.

[16] Hofelich, Markus (2019): Interview mit Prof. Gerald Hüther: Die Generation Y auf der Suche nach dem Sinn – wie es gelingt, Orientierung zu finden. www.sinndeslebens24.de/interview-mit-prof-gerald-huether-die-generation-y-auf-der-suche-nach-dem-sinn-wie-es-gelingt-orientierung-zu-finden. Zugegriffen: 10. Januar 2021.

[17] Frankl, Viktor E. (2009): ... trotzdem Ja zum Leben sagen: Ein Psychologe erlebt das Konzentrationslager. Kösel.

[18] Hofelich, Markus (2018): Interview mit Prof. Tatjana Schnell: Psychologie des Lebenssinns. www.sinndeslebens24.de/interview-mit-prof-tatjana-schnell-psychologie-des-lebenssinns. Zugegriffen: 10. Januar 2021.

[19] Wittgenstein, Ludwig (1960): Tagebücher 1914-18. In: Schriften, Band 1. Suhrkamp. S. 167.

[20] Hattstein, Markus (1997): Weltreligionen. Könemann.

[21] Wikipedia: Spiritualität. de.wikipedia.org/wiki/SpiritualitProzentC3ProzentA4t. Zugegriffen: 10. Januar 2021.

[22] Liessmann, Konrad Paul (2007): Gretchens Frage und warum Faust darauf keine Antwort wusste. Vortrag zur Eröffnung des 11. Philosophicum Lech. S. 3.

[23] Sponsel, Rudolf (2006): Spiritualität – Eine psychologische Untersuchung. Abschnitt Definitionsvorschlag Spiritualität 26.

[24] Niemz, Markolf H. (2013): Sinn – Ein Physiker verknüpft Erkenntnis mit Liebe. Kreuz.

[25] Yoga Vidya Wiki: Spiritualität. wiki.yoga-vidya.de/SpiritualitProzentC3ProzentA4t. Zugegriffen: 10. Januar 2021.

[26] Yoga Vidya Wiki: 7 Prinzipien spiritueller Philosophie. wiki.yoga-vidya.de/SpiritualitProzentC3ProzentA4t#7_Prinzipien_spiritueller_Philosophie. Zugegriffen: 10. Januar 2021.

[27] Hofelich, Markus (2018): Interview mit Sylvester Walch: Spiritualität und Psychologie. www.sinndeslebens24.de/interview-mit-sylvester-walch-die-ganze-fuelle-deines-lebens-ein-spiritueller-begleiter-zu-den-kraeften-der-seele. Zugegriffen: 10. Januar 2021.

[28] Statista (2011): Umfrage Glauben Sie an einen Gott? de.statista.com/statistik/daten/studie/169072/umfrage/glaube-an-gott-in-deutschland/. Zugegriffen: 10. Januar 2021.

[29] FOCUS Magazin (2011): Und was glauben Sie? Ausgabe Nr. 51/2011. www.focus.de/politik/deutschland/und-was-glauben-sie-focus-umfrage_id_2866859. Zugegriffen: 10. Januar 2021.

[30] Kamann, Matthias (2014). Welt.de: Deutsche verlieren ihren Glauben an Gott. www.welt.de/politik/deutschland/article125486308/Deutsche-verlieren-ihren-Glauben-an-Gott. Zugegriffen: 10. Januar 2021.

[31] Calmbach, Marc, u.a. (2016): Wie ticken Jugendliche? Sinus Jugendstudie. Springer.

[32] Statista (2015): Verteilung der Weltbevölkerung nach Religionszugehörigkeit. de.statista.com/statistik/daten/studie/434032/umfrage/verteilung-der-weltbevoelkerung-nach-religionszugehoerigkeit/. Zugegriffen: 25. März 2020.

[33] Shermer, Michael (2003): How We Believe: Science, Skepticism, and the Search for God. Holt. S. 269, 273.

[34] Wikipedia: Religiosität. de.wikipedia.org/wiki/ReligiositProzentC3ProzentA4t. Zugegriffen: 8. Februar 2021.

[35] Wikipedia: Geschichte der Religion. de.wikipedia.org/wiki/Geschichte_der_Religion. Zugegriffen: 8. Februar 2021.

[36] Newberg, Andrew (2008): Der gedachte Gott: Wie Glaube im Gehirn entsteht. Piper Taschenbuch.

[37] Hamer, Dean (2006): Das Gottes-Gen: Warum uns der Glaube im Blut liegt. Kösel.

[38] Maslow, Abraham H. (1981): Motivation und Persönlichkeit. Rowohlt.

[39] Geo Wissen (2002): Wer erklärt uns die Welt? Erkenntnis, Weisheit, Spiritualität. Gruner + Jahr. S. 31-40.

[40] Granqvist, Pehr: Sensed presence and mystical experiences are predicted by suggestibility, not by the application of transcranial weak complex magnetic fields. pubmed.ncbi.nlm.nih.gov/15849873/. Zugegriffen: 25. März 2020.

[41] Aphorismen: Hildegard von Bingen. www.aphorismen.de/zitat/8588. Zugegriffen: 8. Februar 2021.

[42] Wikipedia: Urknall. de.wikipedia.org/wiki/Urknall. 8. Februar 2021.

[43] Der Spiegel (2000): Warum glaubt der Mensch? Jenseits des Wissens. Ausgabe Nr. 52/2000. S. 118-122.

[44] FOCUS Magazin (1996): Gott und die Wissenschaft. Ausgabe Nr. 52/1996. S. 141-147.

[45] Feuerbach, Ludwig (1986): Sämtliche Werke / Band 5. Ein Beitrag zur Geschichte der Philosophie und Menschheit. Frommann-Holzboog.

[46] Nietzsche, Friedrich (1986): Der Antichrist: Versuch einer Kritik des Christentums. Insel.

[47] Focus Online (2015): Vor 20 Jahren rehabilitierte Rom Galileo Galilei. www.focus.de/wissen/mensch/naturwissenschaften/spaete-anerkennung-warum-die-kirche-galileo-doch-rehabilitieren-konnte_aid_850242. Zugegriffen: 8. Februar 2021.

[48] Spiegel.de (2014): Papst sieht keinen Konflikt von Evolution und Schöpfung. www.spiegel.de/panorama/gesellschaft/papst-franziskus-kein-konflikt-zwischen-evolution-und-schoepfung-a-999893. Zugegriffen: 8. Februar 2021.

[49] Voltaire: Briefe. An den Prinzen Heinrich von Preußen, am 28. November 1770.

[50] Pascal, Blaise (2007): Pensées – Gedanken. Faber & Faber.

[51] Erzbistum Köln: Wort der Woche, 20.03.2006. thema.erzbistum-koeln.de/ohnegott/wort_der_woche/. Zugegriffen: 14. März 2021.

[52] Sueddeutsche.de (2018): Zum Tod von Stephen Hawking. www.sueddeutsche.de/wissen/zum-tod-von-stephen-hawking-in-meinem-kopf-bin-ich-frei-1.3905397. Zugegriffen: 14. März 2021.

[53] Hawking, Stephen (1988): Eine kurze Geschichte der Zeit. Die Suche nach der Urkraft des Universums. Rowohlt. Kapitel 8.

[54] Focus Online (2014): Physiker Hawking: Kein Gott nötig für Universum. www.focus.de/wissen/natur/physiker-hawking-kein-gott-

noetig-fuer-universum-wissenschaft_id_1895804. Zugegriffen: 14. März 2021.

[55] Hawking, Stephen (2020): Kurze Antworten auf große Fragen. Klett-Cotta.

[56] Chrismon (2016): Was kommt nach diesem Leben. chrismon.evangelisch.de/umfragen/was-kommt-nach-diesem-leben-paradies-hoelle-eine-weitere-runde-auf-der-erde-als-wurm-32038. Zugegriffen: 14. März 2021.

[57] Moody, Raymond A. (2001): Leben nach dem Tod: Die Erforschung einer unerklärlichen Erfahrung. Rowohlt.

[58] Paturi, Felix (1999): Die großen Rätsel unserer Welt. ADAC. S. 368-370.

[59] Ring, Kenneth (1984): Den Tod erfahren – das Leben gewinnen. Scherz. S. 48-67.

[60] Sueddeutsche.de (2018): Zum Tod von Stephen Hawking. www.sueddeutsche.de/wissen/zum-tod-von-stephen-hawking-in-meinem-kopf-bin-ich-frei-1.3905397. Zugegriffen: 14. März 2021.

[61] Wikipedia: Existenzialismus. de.wikipedia.org/wiki/Existentialismus. Zugegriffen: 14. März 2021.

[62] Camus, Albert (2004): Der Mythos des Sisyphos. Reinbek. S. 159f.

[63] Sartre, Jean-Paul (2000): Der Existentialismus ist ein Humanismus: Und andere philosophische Essays 1943-1948. Rowohlt.

[64] Wikipedia: Jean-Paul Sartre. de.wikipedia.org/wiki/Jean-Paul_Sartre. Zugegriffen: 14. März 2021.

[65] Kranz, Walther (1959): Vorsokratische Denker. Weidmannsche.

[66] Wikipedia: Existenz Gottes. de.wikipedia.org/wiki/Gott#Existenz_Gottes. Zugegriffen: 14. März 2021.

[67] Wikipedia: Anselm von Canterbury. de.wikipedia.org/wiki/Anselm_von_Canterbury. Zugegriffen: 10. Januar 2021.

[68] Wikipedia: Thomas von Aquin. de.wikipedia.org/wiki/Thomas_von_Aquin. Zugegriffen: 14. März 2021.

[69] Cicero, Markus Tullius (1992): Gespräche in Tusculum. I, 30., in: Gigon, Olof: Gespräche in Tusculum.

[70] Wikipedia: Pascalsche Wette. de.wikipedia.org/wiki/Pascalsche_Wette. Zugegriffen: 14. März 2021.

[71] Zeit Online: Warum wir glauben müssen. www.zeit.de/zeit-wissen/2013/01/Glaube-Religion-Psychologie. Zugegriffen: 14. März 2021.

[72] ORF (2013): Studie Religion fördert psychische Gesundheit. religion.orf.at/v3/stories/2578100/. Zugegriffen: 14. März 2021.

[73] Wikipedia: Anonyme Alkoholiker. de.wikipedia.org/wiki/Anonyme_Alkoholiker. Zugegriffen: 14. März 2021.

[74] Schumacher, Beate (2020): Anonyme Alkoholiker hilfreich für langfristige Abstinenz. www.aerztezeitung.de/Medizin/Anonyme-Alkoholiker-hilfreich-fuer-langfristige-Abstinenz-407531. Zugegriffen: 14. März 2021.

[75] Hecker, Max (1907): Goethe, Maximen und Reflexionen. Goethe Gesellschaft.

[76] Aphorismen: Baruch de Spinoza. www.aphorismen.de/zitat/71993. Zugegriffen: 14. März 2021.

[77] Aristoteles (2006): Nikomachische Ethik. Rowohlt.

[78] bucketlist.org: How it works. bucketlist.org/how-it-works/. Zugegriffen: 14. März 2021.

[79] Ware, Bronnie (2015): 5 Dinge, die Sterbende am meisten bereuen. Goldmann.

[80] Wikipedia: Das Beste kommt zum Schluss. de.wikipedia.org/wiki/Das_Beste_kommt_zum_Schluss. Zugegriffen: 14. März 2021.

[81] Maslow, Abraham (1981): Motivation und Persönlichkeit. Rowohlt.

[82] Institut für Demoskopie Allensbach (2001): Allensbacher Berichte 2001/Nr.5. www.ifd-allensbach.de/fileadmin/kurzberichte_dokumentationen/prd_0105.pdf. Zugegriffen: 14. März 2021.

[83] Allensbacher Markt- und Werbeträgeranalyse (AWA) (2020): Was halten Sie persönlich im Leben für besonders wichtig und erstrebenswert? de.statista.com/statistik/daten/studie/170820/umfrage/als-besonders-wichtig-erachtete-aspekte-im-leben/. Zugegriffen: 14. März 2021.

[84] Harter, James K. und Wagner, Rodd (2006): 12: The Elements of Great Managing. Gallup Press.

[85] Wikipedia: Authentizität. de.wikipedia.org/wiki/Authentizit%C3%A4t. Zugegriffen: 14. März 2021.

[86] The coaching tools company: The complete Guide to the Wheel of life. www.thecoachingtoolscompany.com/wheel-of-life-complete-guide-everything-you-need-to-know/. Zugegriffen: 14. März 2021.

[87] Hofelich, Markus (2021): Selbstverwirklichung: Werde der, der du bist! www.sinndeslebens24.de/selbstverwirklichung-werde-der-der-du-bist. Zugegriffen: 14. März 2021.

[88] Maslow, Abraham H. (1981): Motivation und Persönlichkeit. Rowohlt.

[89] Weischedel, Wilhelm (1991): Die philosophische Hintertreppe. Dtv. S. 55.

[90] Aristoteles (2006): Nikomachische Ethik. Rowohlt.

[91] Schopenhauer, Arthur (1991): Aphorismen zur Lebensweisheit. Phaidon. S.13.

[92] Schopenhauer, Arthur (1991): Aphorismen zur Lebensweisheit. Phaidon. S. 36.

[93] Schopenhauer, Arthur (1991): Aphorismen zur Lebensweisheit. Phaidon. S. 163.

[94] Schopenhauer, Arthur (1991): Aphorismen zur Lebensweisheit. Phaidon. S. 162.

[95] Wikipedia: Human Potential Movement. de.wikipedia.org/wiki/Human_Potential_Movement. Zugegriffen: 21. April 2021.

[96] Aphorismen: Pindar. www.aphorismen.de/zitat/77994. Zugegriffen: 21. April 2021

[97] Aphorismen: Reinhold Niebuhr. www.aphorismen.de/zitat/25799. Zugegriffen: 21. April 2021.

[98] Albert Schweitzer Verband: Zitate. albert-schweitzer-verband.de/informieren/historie/zitate/. Zugegriffen: 21. April 2021.

[99] Hofelich, Markus (2020): Was ist Liebe wirklich? Und wie wir wahre Liebe finden können. www.sinndeslebens24.de/was-ist-liebe-wirklich-und-wie-wir-wahre-liebe-finden-koennen. Zugegriffen: 21. April 2021.

[100] Bonhoeffer, Dietrich (2020): Bleibt der Erde treu: Ausgewählte Predigten. Brunnen.

[101] Fromm, Erich (1995): Die Kunst des Liebens. Ullstein. S. 94.

[102] Frey, Dieter (2015): Psychologie der Werte: Von Achtsamkeit bis Zivilcourage – Basiswissen aus Psychologie und Philosophie. Springer.

[103] Rohlfes, Joachim (1996): Die Unabhängigkeitserklärung der Vereinigten Staaten. In: Geschichte in Wissenschaft und Unterricht 47. S. 31-50.

[104] Lernen.net: Werte. www.lernen.net/artikel/werte-16618/. Zugegriffen: 8. Mai 2021.

[105] Spaemann, Robert (1993): Glück und Wohlwollen: Versuch über Ethik. J.G. Cotta'sche Buchhandlung. S. 32.

[106] Hofelich, Markus (2019): Die Hedonistische Tretmühle: Wege aus der Glücksfalle. www.sinndeslebens24.de/die-hedonistische-tretmuehle-wege-aus-der-gluecksfalle. Zugegriffen: 8. Mai 2021.

[107] Wikipedia: Hedonistische Tretmühle. de.wikipedia.org/wiki/Hedonistische_Tretm%C3%BChle. Zugegriffen: 8. Mai 2021.

[108] Layard, Richard (2005): Die glückliche Gesellschaft: Kurswechsel für Politik und Wirtschaft. Campus.

[109] Diener, Ed (2002): Will money increase subjective well-being? A literature review and guide to needed research.

[110] Welt.de (2016): Der Lottogewinner und die hedonistische Tretmühle. www.welt.de/newsticker/dpa_nt/infoline_nt/boulevard_nt/article153746272/Der-Lottogewinner-und-die-hedonistische-Tretmuehle. Zugegriffen: 8. Mai 2021.

[111] Zitate.EU: Zitate von Danny Kaye. www.zitate.eu/autor/danny-kaye-zitate/166637. Zugegriffen: 8. Mai 2021.

[112] Falco.net (1986): Casey Kasem: Rock Me Amadeus No.1 in den USA 1986. falco.net/presse/casey-kasem-rock-me-amadeus-no-1-in-den-usa/. Zugegriffen: 8. Mai 2021.

[113] Hofelich, Markus (2018): Interview mit Janice Jakait: Freut euch nicht zu spät – warum das zweite Leben beginnt, wenn man begreift,

dass man nur eines hat. www.sinndeslebens24.de/interview-mit-janice-jakait-freut-euch-nicht-zu-spaet. Zugegriffen: 8. Mai 2021.

114 Wikipedia: Carpe diem. de.wikipedia.org/wiki/Carpe_diem. Zugegriffen: 8. Mai 2021.

115 Hofelich, Markus (2019): Was ist Flow? So finden sie das intensive Glücks-Erlebnis. www.sinndeslebens24.de/was-ist-flow-so-finden-sie-das-intensive-gluecks-erlebnis. Zugegriffen: 8. Mai 2021.

116 Csikszentmihalyi, Mihaly und Charpentier, Annette (2019): Flow. Das Geheimnis des Glücks. Klett-Cotta.

117 Wikipedia: Flow. de.wikipedia.org/wiki/Flow_(Psychologie). Zugegriffen: 8. Mai 2021.

118 Warwitz, Siegbert (2021): Das Phänomen des Flow-Erlebens. In: Ders.: Sinnsuche im Wagnis. Leben in wachsenden Ringen. 3. Schneider. Baltmannsweiler Zugegriffen: 8. Mai 2021. S. 207-226.

119 Welt.de (2013): Henry Ford – der Mobilisierer der Massen. welt.de/motor/article118513807/Henry-Ford-der-Mobilisierer-der-Massen. Zugegriffen: 8. Mai 2021.

120 Wikipedia: Gnothi seauton. de.wikipedia.org/wiki/Gnothi_seauton. Zugegriffen: 8. Mai 2021.

121 Mogi, Ken und Blind, Sofia (2020): Ikigai: Die japanische Lebenskunst. DuMont.

122 Hofelich, Markus (2019): Ikigai: Die japanische Methode, den Sinn des Lebens zu finden. www.sinndeslebens24.de/ikigai-die-japanische-methode-den-sinn-des-lebens-zu-finden. Zugegriffen: 23. Mai 2021.

123 Toshimasa, Sone et al.: Sense of Life Worth Living (Ikigai) and Mortality in Japan: Ohsaki Study, Psychosomatic Medicine (Juli/August 2008), Band 70 (6). S. 709-715.

124 Wikipedia: Ikigai. de.wikipedia.org/wiki/Ikigai. Zugegriffen: 23. Mai 2021.

[125] Hofelich, Markus: SinndesLebens24, Interviews. www.sinndeslebens24.de/tag/interview. Zugegriffen: 23. Mai 2021.

[126] Kaplan, Robert und Norton, David (2018): Balanced Scorecard: Strategien erfolgreich umsetzen. Schäffer-Poeschel.

[127] Cambridge Dicitionary: Mission Statement. dictionary.cambridge.org/de/worterbuch/englisch/mission-statement. Zugegriffen: 23. Mai 2021.

[128] Robbins, Anthony (2004): Das Robbins Power Prinzip: Befreie die innere Kraft. Ullstein.

[129] FourWeekMBA: Vision Statement Examples From The Most Valuable Brands. fourweekmba.com/vision-statement-examples. Zugegriffen: 23. Mai 2021.

[130] Sinek, Simon (2018): Finde dein Warum: Der praktische Wegweiser zu deiner wahren Bestimmung. Redline.

[131] Hofelich, Markus: SinndesLebens24, Zitate. www.sinndeslebens24.de/tag/zitate. Zugegriffen: 23. Mai 2021.

[132] Zitatforschung: Und plötzlich weißt du: Es ist Zeit, etwas Neues zu beginnen und dem Zauber des Anfangs zu vertrauen. falschzitate.blogspot.com/2017/12/und-plotzlich-weit-du-es-ist-zeit-etwas. Zugegriffen: 23. Mai 2021.

[133] Robbins, Tony: Where Focus Goes, Energy Flows. www.tonyrobbins.com/career-business/where-focus-goes-energy-flows. Zugegriffen: 23. Mai 2021.

[134] Aphorismen: Der Weg ist das Ziel. www.aphorismen.de/zitat/3995. Zugegriffen: 23. Mai 2021.

[135] Campbell, Joseph (2011): Der Heros in tausend Gestalten. Insel.

[136] Hofelich, Markus (2019): Mythos Heldenreise: Joseph Campbell's „Der Heros in Tausend Gestalten". www.sinndeslebens24.de/mythos-

heldenreise-inspiration-aus-joseph-campbells-klassiker-der-heros-in-tausend-gestalten. Zugegriffen: 23. Mai 2021.

137 Wikipedia: Heldenreise. de.wikipedia.org/wiki/Heldenreise. Zugegriffen: 23. Mai 2021.

138 Goodreads: Joseph Campbell, quotes. www.goodreads.com/author/quotes/20105.Joseph_Campbell. Zugegriffen: 23. Mai 2021.

139 Zitatforschung: Was immer du tun kannst oder erträumst zu können, beginne es. falschzitate.blogspot.com/2018/09/was-immer-du-tun-kannst-oder-ertraumst. Zugegriffen: 23. Mai 2021.

140 Aphorismen: Dante Alighieri. www.aphorismen.de/zitat/64703. Zugegriffen: 23. Mai 2021.

141 Wikipedia: Smart (Projektmanagement). de.wikipedia.org/wiki/SMART_(Projektmanagement). Zugegriffen: 23. Mai 2021.

142 Aphorismen: Gotthold Ephraim Lessing. www.aphorismen.de/zitat/14217. Zugegriffen: 23. Mai 2021.

143 AZQuotes: Mark Victor Hansen. www.azquotes.com/author/18334-Mark_Victor_Hansen. Zugegriffen: 23. Mai 2021.

144 Hofelich, Markus (2020): Selbstzweifel überwinden und Selbstbewusstsein stärken. www.sinndeslebens24.de/selbstzweifel-ueberwinden-und-selbstbewusstsein-staerken. Zugegriffen: 23. Mai 2021.

145 Aphorismen: William Shakespeare. www.aphorismen.de/zitat/2474. Zugegriffen: 23. Mai 2021.

146 Wikipedia: Selbstzweifel. de.wikipedia.org/wiki/Selbstzweifel. Zugegriffen: 23. Mai 2021.

147 Aphorismen: Peter Schumacher. www.aphorismen.de/zitat/89791. Zugegriffen: 23. Mai 2021.

[148] Goodreads: Charles Bukowski. www.goodreads.com/author/quotes/13275.Charles_Bukowski. Zugegriffen: 23. Mai 2021.

[149] Wikipedia: Theorie des sozialen Vergleichs. de.wikipedia.org/wiki/Theorie_des_sozialen_Vergleichs. Zugegriffen: 23. Mai 2021.

[150] Wikipedia: Neid. de.wikipedia.org/wiki/Neid. Zugegriffen: 23. Mai 2021.

[151] Aphorismen: Sören Kierkegaard. www.aphorismen.de/suche?text=Unzufriedenheit&autor_quelle=kierkegaard. Zugegriffen: 23. Mai 2021.

[152] Goodreads: Arthur Ashe. www.goodreads.com/search?q=arthur+ashe&search%5Bsource%5D=goodreads&search_type=quotes&tab=quotes. Zugegriffen: 10. Januar 2021.

[153] Wikipedia: Perfektionismus (Psychologie). de.wikipedia.org/wiki/Perfektionismus_(Psychologie). Zugegriffen: 10. Januar 2021.

[154] Aphorismen: Aristoteles. www.aphorismen.de/zitat/12067. Zugegriffen: 6. Juni 2021.

[155] Goodreads: John Henry Newman. www.goodreads.com/quotes/287434-a-man-would-do-nothing-if-he-waited-until-he. Zugegriffen: 6. Juni 2021.

[156] Wikipedia: Paretoprinzip. de.wikipedia.org/wiki/Paretoprinzip. Zugegriffen: 6. Juni 2021.

[157] Norman Rentrop: Fehler machen. normanrentrop.de/fehlermachen/. Zugegriffen: 6. Juni 2021.

[158] Hofelich, Markus (2017): Interview mit Felix Maria Arnet: Gescheit Scheitern. www.sinndeslebens24.de/interview-mit-felix-maria-arnet-gescheit-scheitern. Zugegriffen: 6. Juni 2021.

159 Hofelich, Markus (2018): Interview mit Hermann Scherer: Fokus!: Provokative Ideen für Menschen, die was erreichen wollen. www.sinndeslebens24.de/interview-mit-hermann-scherer-fokus-provokative-ideen-fuer-menschen-die-was-erreichen-wollen. 6. Juni 2021.

160 Hofelich, Markus (2017). Experteer: Warum Scheitern etwas für smarte Köpfe ist. www.experteer.de/magazin/warum-scheitern-etwas-fuer-smarte-koepfe-ist/. Zugegriffen: 6. Juni 2021.

161 Goodreads: Thomas Edison. www.goodreads.com/quotes/8287-i-have-not-failed-i-ve-just-found-10-000-ways-that. Zugegriffen: 6. Juni 2021.

162 AZQuotes: Lee Iacocca. www.azquotes.com/quote/811606. Zugegriffen: 6. Juni 2021.

163 Goodreads: Marc Zuckerberg. www.goodreads.com/quotes/842041-the-biggest-risk-is-not-taking-any-risk-in-a. Zugegriffen: 6. Juni 2021.

164 Wiseman, Richard (2004): So machen Sie Ihr Glück: Wie Sie mit einfachen Strategien zum Glückspilz werden. Goldmann.

165 Goodreads: Walt Disney. www.goodreads.com/quotes/3211087-the-difference-between-winning-and-losing-is-most-often-not. Zugegriffen: 6. Juni 2021.

166 Goodreads: Calvin Coolidge. www.goodreads.com/quotes/2749-nothing-in-this-world-can-take-the-place-of-persistence. Zugegriffen: 6. Juni 2021.

167 AZQuotes: James Dyson. www.azquotes.com/quote/519996. Zugegriffen: 6. Juni 2021.

168 Hofelich, Markus (2018): Interview mit Hermann Scherer: Fokus!: Provokative Ideen Für Menschen, Die Was Erreichen Wollen. www.sinndeslebens24.de/interview-mit-hermann-scherer-fokus-provokative-ideen-fuer-menschen-die-was-erreichen-wollen. Zugegriffen: 6. Juni 2021.

[169] Isaacson, Walter (2012): Steve Jobs: Die autorisierte Biografie des Apple-Gründers. Btb.

[170] Stanford University (2005): Prepared text of the commencement address delivered by Steve Jobs, CEO of Apple Computer and of Pixar Animation Studios, on June 12, 2005. news.stanford.edu/2005/06/14/jobs-061505/. Zugegriffen: 6. Juni 2021.

[171] Hofelich, Markus (2021): Memento mori: die begrenzte Zeit sinnvoll nutzen. www.sinndeslebens24.de/memento-mori-die-begrenzte-zeit-sinnvoll-nutzen. Zugegriffen: 6. Juni 2021.

[172] Manager Magazin: Die Rückkehr der Kampfdenker. www.manager-magazin.de/magazin/artikel/a-375807. Zugegriffen: 6. Juni 2021.

[173] Wikipedia: Liste lateinischer Phrasen / Morti. de.wikipedia.org/wiki/Liste_lateinischer_Phrasen/M. Zugegriffen: 6. Juni 2021.

[174] Aphorismen: Marc Aurel. www.aphorismen.de/zitat/15935. Zugegriffen: 6. Juni 2021.

[175] Goodreads: Abraham Lincoln. www.goodreads.com/search?utf8=%E2%9C%93&q=abraham+lincoln+years&search_type=quotes. Zugegriffen: 6. Juni 2021.

[176] Aphorismen: Marc Twain. www.aphorismen.de/zitat/11084. Zugegriffen: 6. Juni 2021.

[177] Fromm, Erich (2017): Den Menschen verstehen: Psychoanalyse und Ethik. Dtv.

[178] Gute Zitate: Johann Wolfgang von Goethe. gutezitate.com/zitat/213563. Zugegriffen: 6. Juni 2021.

Printed in Poland
by Amazon Fulfillment
Poland Sp. z o.o., Wrocław

83955067R00139